知己知子

母亲如何正确地传递"爱"

麦杨 著

复旦大学出版社

目录

前言 1

1. 婴儿找奶嘴 1
2. "爱"与"尊重"是一回事吗？ 4
3. 双胞胎的缄默 9
4. "撒泼打滚"的由来 14
5. 孩子的专注力 19
6. 儿童与父母分房的好处！ 24
7. 孩子的作业，试试放手？ 28
8. 监管权 35
9. 大事化小 40
10. 响鼓不用重锤 46
11. "单亲妈妈的母爱"够吗？ 50
12. 一分钟都不行！ 55
13. 一定要撮合兄妹之间的关系吗？ 58
14. 一只羊难赶，三只羊好放！ 66
15. 为孩子寻找"舞台" 71
16. "磨蹭"是缺点吗？ 76

17. 头上长角，身上长刺！ ………………………… 81

18. 宁缺毋滥 …………………………………………… 88

19. "天才"就像一块宝玉 …………………………… 95

20. 上公立学校还是国际学校？ …………………… 100

21. 体能与自驱力 …………………………………… 106

22. 写作的困难 ……………………………………… 111

23. 半夜孩子找妈妈 ………………………………… 116

24. "喷水池故事"的启发 …………………………… 121

25. 左手写字要纠正吗？ …………………………… 125

26. 爱说脏话，怎么办？ …………………………… 130

27. 手中之书，心中之梦 …………………………… 134

28. 母亲应该是严厉的教师吗？ …………………… 139

29. 对多动症的理解 ………………………………… 142

30. 孩子"小动作"的警示 …………………………… 148

31. 老二的"妒忌" …………………………………… 150

32. 驾驭"哭"的艺术 ………………………………… 155

33. 本末倒置 ………………………………………… 158

34. 跟孩子谈钱 ……………………………………… 162

35. 不被"成功"的期许所绑架 ……………………… 170

36. "不发怒"的威严 ………………………………… 172

37. 孩子真的"偏激"吗？ 176

38. 哪些事情是可以改变的？ 180

39. 兄妹之争 183

40. 过夜（Sleep Over） 187

41. 一举两得 191

42. 姐妹共处一室 194

43. "瘾患"，不可姑息！ 196

44. 育儿好比照看娇嫩的苗 202

45. 相信孩子的内在力量！ 208

46. 偷看孩子的信息是否有益？ 212

47. 感化"成瘾了"的孩子 219

48. 做"第一个敢吃螃蟹之人" 223

49. 孩子迟到是谁的责任？ 228

50. 耐心换来的甜美！ 233

51. 选择综合症 239

52. 设立界限 243

53. 开家庭会的妙处 247

54. 点评 L.Y 的家庭会 252

55. 情绪管理的"软件"与"硬件" 258

56. 不洗澡、不刷牙的烦恼 262

57. 谈孩子起不来床 267

58. "爱"与"逻辑" 271

59. 母亲是"环境保护的使者" 274

60. 古筝情结 279

61. "怕"与"尊重"是什么关系？ 285

62. 走出阴影！ 292

63. 论人格平等 295

64. 宁信其有，不信其无 299

65. 需要满足不合理的要求吗？ 310

66. 千载难逢的好机会！ 314

67. 当孩子"情绪爆发"的那刻来临 319

68. "脖子"转"头"的管家艺术 323

69. 新年到，新目标！ 328

前言

除了有英国诺丁汉大学教育学的硕士学位之外,我的博士学位和目前从事的大学教学,实际上跟教育学的关系不大。

然而,多年来,我在海外和内地参加了各种各样跟教育学有关的讲座和读书会,在学习了理论的基础上,更注重于将其运用到实践当中。

加之,我与丈夫育有五名子女(三个女儿、两个儿子),在培养教育孩子方面,比较有自己独特的心得和体会。

我最为推崇的教育理念和育子训练课程要数 Love and Logic("爱"与"逻辑")①。顾名思义,跟孩子相处的过程中,我们要先有"爱"作为根基,才能用"逻辑"思维的推理去寻找适合自己的好方法。也就是说首先要清楚自己对子女"爱"的方式和方法,即所谓的"知己",然后再把这种"爱"通过逻辑性的思考与实验了的可行方法,

---

① **Becoming a Love and Logic Parent**, *Parent Handbook* Jim Fay, Foster W. Cline, M.D. and Charles Fay, Ph.D. Publisher: The Love and Logic Institute, Inc. 1991, 2000. 2207 Jackson Street, Golden, Colorado 80401-2300. www.loveandlogic.com

Parenting Teens with Love & Logic, *Preparing Adolescents for Responsible Adulthood* Updated and expanded Edition. Foster Cline, MD, and Jim Fay. Publisher: NavPress, 2006.

正确地传递给孩子。在此过程中,希望母亲能够达到"知子"的境界。

一些家长在我建立的名为"一问一答"与"有问必答"两个微信群中,曾经提出了"育子"过程中遇到的各种问题,本人得到提问者们的同意,将这些讨论汇编成集。为保护隐私,文章中去掉了他们的名字,然后把"提问""回复""评论"与"点评"都原汁原味地呈现了出来。

值得注意的是,本人针对所有问题的回复是没有所谓"专业权威"的,更不声称所提供的方法可以解决问题,我只不过试图提供一种思考的可能和一种实践的路径。

此外,现如今有越来越多的单亲妈妈,文章中我便用"母亲"或"家长"替代"父母"。一直以来,群里的母亲们都带着极大的谦卑来探寻如何将母爱正确地传递至孩子的心灵深处,她们提问时的真情表露实在令人感动!

有些朋友提出,我是否在很简单的提问上回复得太复杂了?

有些问题看起来似乎问得确实简单了些,可喜的是她们能够把当时的心情尽量地表达出来,让我能够感受到她们爱孩子的初衷和当时所处的困境,以及渴望在群里寻找心灵的慰藉与可行的、有效的方法。

在整理从前回复过的文章时,发现有一篇名为《孩子的呼唤》的文章,我当时回复的口气相当强硬,对这位妈妈毫不留情地横加指责。那时,我意识到:"糟糕了!"这位母亲一定在情感上也受到了伤害吧?诚然,我本着"救救孩子"的出发点,回复中所有的考量也都是为了要保护孩子的最大利益,试图让这位妈妈意识到她对孩子太过苛求了……然而,我不但没有给予这位母亲应有的鼓励,还劈头盖脸地列举出这位妈妈的种种过失……难道我不是犯了同样的错误而过分"苛求"这位需要帮助的母亲?!其结果不但"救不了孩子",反而可能令这位母亲"伤心地倒下了"……

我们老家常说:"锅里没有油,碗里就没有肉。"假使母亲都没有了信心及勇气,她哪来足够的正能量再去"救救"自己的孩子呢?从那以后,每每回复问题时,我首先想到的是如何让母亲燃起希望之火,然后去感化那暂时迷了途的子女。

此书中本人依据的资料来源:一是我的亲身经历,即我们麦家庭的小故事,以及观察我身边人的"育子"理念与实际操作的经验;二是我多年来浏览的各种教育方面的书籍,以及对社会上各种教子案例的积累。

诚然,每个人所处的社会环境和家庭文化不同,导致了书中例子的各种具体办法,在一个场景下能使用,然而在另一个场景下未必就行得通。

从文化的思维范畴上来说,我收集了中西文化在教育理念上有益的东西，推陈出新地运用在提问者的个案上。把体制内公立学校可能具有的优势与私立学校可能发生的情形糅合在一起，尽管学校的体制不同，文化上有差异，但是孩子在成长时期的心理需求是类似的，家长们在"育子"的原则上是可以互通、类比的。

面临当今社会上的各种诱惑，家长应懂得如何正确地引导孩子保持纯真善良的品质，有为他人服务的精神，有不断优化自己的愿望！

母亲们培养孩子要注重身体健壮、情感健康；要先去追求完善的人格，再去拥抱完美的生活；要先做一个快乐的人，再去摘采快乐的硕果！

此书的内容是按照小孩子的年龄来排序的，关于婴儿的或三四岁孩子的文章排在前面，有关中学生和大学生的文章就放在了后面。

在跟一些母亲交流的过程中，我感受到了她们各种优秀的品质，对子女无私的奉献与无微不至的关怀，以及对未来美好的期待。

母亲们把这种"爱"传递正确了，将令子女们享受母子关系中的和谐与美妙，孩子们才会有意愿去优化自己，同时更有勇气去改善周边的环境，从而令这个世界变得更加美好！

1 婴儿找奶嘴

提问 孩子一岁七个月,睡觉还是找安抚奶嘴,该怎么办?

回复 很多年前,我向诺丁汉大学的一位心理学教授 Dr. Harris① 问了相似的问题,"婴儿哭的时候(可能在找'奶嘴'),母亲是否应该马上作出反应,跑过去抱他?换句话说,母亲是否应该尽力去满足婴儿的'要求'"?

Harris 教授给我讲了一个故事,她说:"我的母亲是一位受过严格训练的专业护士。在二战期间,英国的护士们都忙得不可开交,从照顾受伤的士兵,到喂养刚刚出生就失去了母亲的婴儿。由于条件和设施都有限,她们被要求用'流水线'作业的方式来照看婴儿,即严格地

---

① Dr. Harris 是我在英国诺丁汉大学(University of Nottingham)读研期间的心理学教授。

遵守时间安排,何时喂奶及何时换尿片等等,所有婴儿都被'一视同仁'地对待。可是,婴儿却不知道自己的处境,想哭就嚎。从前有自己母亲的时候,他们一哭,就有人过来抱抱了。遗憾的是,他们的'过分要求'却再也没有办法得到满足了。于是,那些婴儿发现,无论他们怎么'闹'都不会引起大人的注意。久而久之,他们就意识到了自己变成了'流水线'上的一个'小环节'而已,因此就再也没有'过分'的期望了。"

有一位社会心理学家利用了这样的机会,把这种集体"喂养"的人士归档成案。他经过几十年的跟踪和调查,发现那些被集体喂养大的人们都非常遵守纪律,而且自我控制能力也极强。可是,大部分人或多或少都有一定程度的心理障碍,那就是对自己的信心不足,也对别人的信任度不够。

经过大量的资料分析与个人面谈,这位心理学家得出了结论:婴儿的哭其实是他们在这个世上最初印证自己位置的试探:"需要换尿片、喝奶时,遭遇冷热的不适时,会有人来满足自己吗?受惊吓了,会有人在意吗?"

Dr. Harris 的讲述令我意识到,婴儿是不会被宠坏的,大人只要心里安稳,不会对孩子的"哭"感到不适,那这可爱宝宝的"哭"只不过是一种与人沟通的桥梁。因此我们说,婴儿觉得自己被重视了,情绪上就得到了满足,他的喜怒哀乐能够引起大人们的注意，那是最理想的了。极大地满足婴儿各种"哭"的需求，其实对他在这个世界上"位置"的确立，以及培养将来他对他人的信任等都将有莫大的益处。换句话说，在婴儿时期，如果他最基本的需求能得到满足，那么他长大了，性情就容易变得开朗、活泼、坦诚。

相反，在幼儿的记忆里，如果他们的期许总是落空的：奶嘴找不到，哭了没人管……那么他长大了之后，有可能容易变得怯懦、冷淡且多疑。最重要的是，他可能不那么容易相信自己会被任何人重视，也对他人的依赖有所保留。

一个人成功的要素之一便是：拥有"自信"与"信赖他人"的品质！

今日感言：

> 母亲在襁褓中的"万千宠爱"就是孩儿一生的"定海神针"！
>
> ——雅典娜①

---

① 雅典娜，即麦杨博士的英文名字 Athena。

2 "爱"与"尊重"是一回事吗？
——让孩子体会长辈的真正感受

提问 麦博士您好！作为一个带孙儿的奶奶，两岁零两个月的他老向我使招，如吃饭不动手，赖着我给喂，出门就要抱，不愿意走路。我说黑他能说白，我说你是乖孩子，他能说我是傻孩子。有时很难缠，请麦博士指点。

回复 首先，作为隔一代的长辈，您应该跟儿子/女儿夫妇达成协议，明确您对孙儿的监管权有多大。就是说，您跟孙儿在一起的时候，知道自己对他所拥有的权力范围。

当孙儿不愿意自己吃饭的时候，他其实是在试探您的底线在哪里。两岁多的孩子，即使在"使招"，也拗不过年长的祖辈人吧?!

看样子，您这位奶奶是个好脾气的，即使不愿意喂孙儿吃饭，但还是不情愿地去做了，不太愿意总抱着他，每每也都向孙儿妥协了。这也可能就是为什么孙儿不

2."爱"与"尊重"是一回事吗?

想改变自己不好的行为,而次次都是成功地让奶奶来屈就于他。唉,周瑜打黄盖,一个愿打,一个愿挨!

如何让晚辈体会长辈的感受和尊重长辈的意愿呢?在此,我们来探讨一下,"爱"与"尊重"是不是一回事。

"爱",是一个抽象的词汇,是一种难以言喻的美好情感!

"尊重",可以说是用具体的行为和事件来彰显的一种态度及一种做法,它包含着"爱"。我们说"爱"与"尊重"有交叉融合的部分,因此会被误解为"如果爱孩子,就得容忍他所有的行为,包括不尊重长辈的不良行为。"

在情感上,母子/祖孙之间,双方都有"爱",然而,如何把这种"爱"通过"尊重"的具体行为传递给对方呢?

"尊重"是不能通过强迫来达成的。尊重他人是一个发自内心的情感表露。我们知道,大部分青少年在成长的过程中极其需要"被尊重",从中找到自身的价值。青少年要求母亲尊重他们,然而很多时候,他们却不知道如何去尊重母亲。在心里、在情感上,他们是"爱"母亲的,也愿意去尊重她,遗憾的是,在行为上他们有时却不知道如何可以做得到?!

作为长辈,从孩子可以交流的两岁开始,就要有意识地"由我做起",先做好示范去尊重孩子的一举一动、所思所想。

长辈做好了榜样,那还得要求孩子/孙子也要在意念上、行为上尊重长辈。这些行为包括在语言上不能跟长辈拌嘴,不能强长辈所难,凡事不能首先以"小我"为本。

儒家思想的尊长爱幼,指的是父母这一辈的,是以上有老、下有小的家庭背景为基础的。当孙子冒犯了奶奶,母亲首先要阻止孩子不好的行为,然后再私下慢慢地去引导。

世上有一种观点,那就是要 Earn Your Respect(赚得你的尊重),他们认为:"尊重"是对品行高尚的、有成就之人的一种仰慕之情。

我本人并不同意这种观点。只因为,有了这个 Earn(赚得),很多人都会找借口不尊重他人。

诚然,一个真正品行高洁的人,他一定会尊重所有人,无论此人是谁!

我们在这里所讲的"尊重他人"是指作为一个人的权利,其中也包括尊重他人的选择,即使我们并不认可、也不支持他们的一些行为。

当你的孩子大喊大叫地对你说:"你们不值得我尊

2. "爱"与"尊重"是一回事吗?

重!"那就是我们需要深入地去讨论这个话题的时候了。

现在我们还是回到两岁多孩子的问题上来。

从您形容的情况来看,您是非常爱孙儿的,才怕他吃不好早餐,所以就得喂他吃多一点;他不想走路了,就总是试探着让您来背他……

好像,他每次只要闹一闹,就能得到想要的东西。比如,他跟您拌嘴的时候,虽然您心里不愿意,但还是会说:"你看,他有多聪明!那么小就知道'黑'与'白'是相反的词汇了呢!"然后,开一下玩笑地"由着"他了。由此以来,小孙子很难体会到奶奶真正的感受,莫说学会尊重长辈的意愿及在意奶奶的"喜怒哀乐"了!

今日感言:

"无私的奶奶!"

我说"黑",
你说"白"?

你是"周瑜",
我是"黄盖"?

知己知子

一个愿"打",
一个愿"挨"!

孙儿,我的"大爱",
不要侵犯我的"无奈"?!

为的是,只盼望,
受到你"尊重"的那天,到来!

——雅典娜

3 | 双胞胎的缄默

✉ **提问** 我家有一对双胞胎姐妹,今年三岁十个月,九月份开始上幼儿园。她们每天一进幼儿园就不说话,面无表情。我有时会去幼儿园帮忙,跟她们讲话,她们也不太回应我,老师说她们有时一天都讲不了几句话,除非遇到非表达不可的事才会开口。老师平时安排的事情她们都能按老师说的做,自己也能吃饭、换衣服、上厕所,可是上课律动的时候,是不愿意动手跟老师律动的,户外运动她们就肯动。但是每天一出校门她们就很开心,跟同班同学一起去玩,有说有笑的(在学校跟好朋友也是不讲话的)。放学会跟我说学校发生的事情,好朋友问她们在学校为什么不讲话,她们说想妈妈。她们在家也是很活泼、很闹腾的,基本只有睡着才能安静下来。她们很小的时候上过早教,也一直在上亲子课程,在早教和亲子课程里,她们也不太爱讲话,后来上的六人课程里,她们开始会表达。再之后,上幼儿园前送她们上了两个月的全托所,从那时开始她们就不愿意在学校里面讲话了,怎么引导也不行。

回复 你形容的两位小宝宝,我觉得她们很可爱!三岁多一点,正在观察着这个世界,体会着与身边人的关系。正像她们所说的:"在学校很想妈妈!"可想而知,她们每天在学校的时候,最盼望的事就是早点回家跟妈妈在一起吧!

她们不喜欢在学校课堂上讲话或私下跟老师沟通的原因可能有以下几个。

第一个可能:与学前那两个月的全托所有关联。

对那个年龄段的儿童来说,她们突然离开了自己熟悉的环境和最信任的妈妈,确实是一种打击!所以,对孩子来说,去上全托所和去上几个小时的幼儿班,区别还是挺大的。

第二个可能:"全托"嘛,家长很难知道孩子在适应其他大人的过程中是否受到了挫折。比如,老师或托管员可能太过严厉,一点不像妈妈那么温柔。也可能她们经历了被老师训斥甚至曾经受到过惩罚,因此给她们幼小的心灵造成了阴影!也有可能她们看到了其他孩子被数落、被惩罚的激烈场面,即使作为旁观者,同样也会在心灵上留有负面的影响!于是,在外面,这个"不太安全"的环境中,她们便选择缄默自保了。

3. 双胞胎的缄默

第三个可能：也许她们的性格是偏向内向/内敛的，不喜欢在众人面前讲话。多年前，人们误认为这是个缺点。但是经过多年的研究证实，内向的性格不但不是缺陷，而且在有些场合和情况下，内敛的人还会占有优势呢。①

总之，我个人是不太赞成把很小的孩子送去全托所，让别人全权接手训练自己的孩子。诚然，孩子在集体的环境中能学会遵守纪律，但是在心理的建设上，依赖全托所的其他人来引导孩子，确实有些冒险。

当然在特殊情况下，家长不得不这样做，也是可以理解的。事实证明，确实有些孩子会很喜欢并很适应全托所的氛围。

从你形容的情况来看，在熟悉、安全的家庭环境中，女儿们是快乐活泼的，因为她们可以完全地放松下来。

"她们喜欢跟其他小朋友玩，还有说有笑的！"

从以上这一点来看，你的女儿们在语言表达和与人打交道的认知方面都挺好的，没有什么语言能力以及社交意愿方面的障碍，这是极好的观察！

请注意一下，她们选择在什么场合说话，什么场合

---

① 请参考：《"磨蹭"是缺点吗？》其中提到了一本书叫 *Quiet*（《缄默》），里面详细地阐述了"内向型"与"外向型"性格的种种。

不说话，希望大人们要理解和同情她们的处境与心境，千万别"逼迫"她们一定要怎样才行……那样会令孩子觉得自己真的好像有了什么大的毛病。

"知子"莫如母！

母亲的首要任务就是要观察和判断孩子们所处的环境是否舒适和安全。

在这里所说的"安全"，是指在学校里不能被其他小朋友欺凌，在课堂上，不能被老师"体罚"或者在语言上受到侮辱。

最后，请悄悄地观察一下，除了在学校，孩子在其他公共场合是否都不愿意讲话呢？比如，在外面，当她们不得不沟通时，是否喜欢捂着嘴，轻声地在你耳边低语呢？如果有这些现象的话，那你们可能需要去咨询一下专业的心理医生。因为有一种恐惧焦虑症叫"选择性沉默"（Selective Mutism），就是惧怕在公众场合被听见或被看见。这种症状通常与生俱来，就好像有些孩子不知道为什么就是怕黑、怕水一样。

遗憾的是，这种"选择性沉默"的恐惧焦虑症目前还没有"等孩子长大了此现象就可以自动消失"的例证，它需要家长在专业人士的指导下学会有效地跟孩子互动来改善症状。比如，大人要带孩子到公众场合去玩，在她们玩得起劲儿之时，引领她们不经意地大声喊出来："再

3. 双胞胎的缄默

来一遍……我不干,你耍赖皮……"

这种体验是很神奇的,如果她们能够克服"被听见的恐惧",且有好成效的话,她们会觉得:在公众场合大声地讲话,其实是一件多么爽的事呀!

愿你所观察到的结果一切都是正常的,那你可以轻松地享受两个宝宝的内敛性格了:在外,她们观察,自保;在家,她们有说有笑,叽里呱啦。

还有,请别忘了,双胞胎不那么需要跟别的孩子一起玩耍,因为她们双方总有彼此——既安全又熟悉,何乐而不为呢?!

今日名言:

> He who has overcome his fears, will truly be free.
>
> —Aristotle
>
> 一个人,只有克服了恐惧,才能得到真正的自由!
>
> ——亚里士多德

4　"撒泼打滚"的由来

✉ **提问**　麦博士,您好,家有三周岁男孩一个,排行老三,也是老幺,最近脾气尤其大,稍微不顺他意就撒泼打滚,作为妈妈,大部分时间能做到和善而坚定,为了不被长辈干扰,我也会把孩子单独带到房间一直陪伴他情绪恢复平静再一起出来。然而这招仿佛对这位小哥不太奏效,到某个点依旧爆发。头疼……请问这样的状态妈妈该如何调整呢?还有小家伙起床气也相当大……最近因为这两个问题我感到特别困扰,烦请智慧的麦博士指点迷津,不胜感激。

🌳 **回复**　你这个母亲是明智的,而且做得很到位!

孩子闹了,不当着他人的面训斥他,反而把他带到房间里陪同他安静下来,再回到大家面前。因为你知道,当众教训孩子会令他尊严扫地,有可能造成日后他在众人面前表达自己时有负面的记忆,那就是小的时候总是当着所有家人的面被大人"教训""否定""误解"

4. "撒泼打滚"的由来

或是"取笑"。

看样子,你们是跟老年父母在一起生活,祖孙三代同堂?

希望上一辈的老年人能够明白,孙儿辈并不在祖辈人管辖范围之内的,所以他们应该鼓励孙儿要首先听从于父母的教诲。他们只有在被子女家庭的邀请下,才能参与并尽责于孙儿的监管权分内之事。

人们通常把孩子的"第一个反抗时期"称为"Terrible Two"(可怕的/麻烦的两岁时期),一般出现在孩子八个月到三四岁之间,当然两岁时表现比较明显;那么,第二个反抗期就是青少年时期;第三个"反叛"时期是指老年停经的"更年期"了。

当然,这三个"反抗期"与人在成长过程中身体内部荷尔蒙的变化有关,因此,它不是必然会发生的。

回到问题,一个三岁的男孩子动不动就撒泼打滚,其实也不是什么奇怪的现象,因为我们不能苛求一个三岁的孩子,总是能够完全控制住自己的情绪。在这个阶段,他正在寻找跟周边环境的关系,看自己到底能做什么,同时,也看母亲到底能够忍耐他到什么程度。

那么,母亲对孩子时不时的这种失控该如何反应呢?

首先，母亲要明白自己是有能力控制场面的。原则是："少说，多做！"

这个年纪的孩子，听不太懂大道理，因此，母亲要用耐心的态度来对待孩子，用行为的规范来要求孩子，从而让他知道并体会，"他什么可以做，什么不可以做"。

在孩子心情好的情况下，母亲提前给孩子"打预防针"，告诉他哪些行为是母亲绝对不可以接受的，如果他在某天之内，没有撒泼打滚，就奖励他。

请注意，母亲不要忽视孩子的情绪宣泄，即使他是在"胡闹"，也要加倍地尊重他的感受，那他就会愿意表达心中所想并喜爱跟人沟通。否则，孩子就不会相信他人会在意自己的感受，于是把"自我感受"隐藏起来。

"感受"本身并没有"好"与"坏"之分，只有孩子的感受被母亲尊重了、接受了，他才能学会去体会及尊重他人的感受。

当然，我们不主张任由孩子动不动就撒泼打滚。我们要找到源头，然后对症下药，才有可能让孩子改变这种不当的行为。

不如试试以下方法：

1. 时间感。孩子的生活要有规律，比如，早上几点起床？早餐是否喜欢？什么时候出去玩？让他的运动量足够了才回家。白天跟谁玩？晚上,家里的哪一位给他讲故事？几点要求他睡觉？如果孩子能够体会到这些事务的规律性,有一些预盼,知道接下来自己要做什么,那他就比较容易有安全感。

2. 空间感。孩子每天在自己喜欢的环境下,玩自己喜欢的玩具,这种固定的模式令他觉得世界上有一部分事情是可以被自己掌控的。同时,大人可以考虑时不时地给一个新的玩具让他去触摸,让他去挑战一下自己。

3. 带着孩子去社交。开始跟邻居、认识的人闲聊,然后慢慢扩大到和陌生人的寒暄。当然,聪明的母亲会去找那些见了你儿子就夸奖他的熟人们见面喽!

4. 家里孩子多的时候,大孩子千万不要老去"惹"小弟弟,故意去激怒他。

5. 当他耍脾气的时候,大人不必陪着他,令他误会你默认了他的行为。你可以让他自己有一个"冷静期"(Time Out),同时可以取消他的一些权利。然而,三岁孩子的"冷静期"只需要几分钟,过了三分钟,大人要心平气和地询问:"你现在是怎么想的呢？有决心下次改正,你就可以回来了。"

如果他还在闹,不要火上浇油,等他冷静下来为止。

6. 还有一个有效的方法:还没等孩子要耍脾气,你就马上给他一个新的玩具,或者带他出去换一个环境,来分散他的注意力,那就有可能过了那个令他"撒泼打滚"的"点"了。

7. 刚刚睡醒,还没起床呢,小家伙心中就有火气了。这让我想起了一位针灸师说过的"起床时,肝火旺"的问题。如果你相信中医,可以考虑去找一位可靠的针灸师来调理一下。

以上只是个人的建议,希望这位母亲可以找到属于自己的好方法跟大家分享!

5 孩子的专注力

提问 麦博士,孩子刚上幼儿园,没有规则感,专注力不强,该怎么引导?三岁三个月大了,就喜欢在教室乱跑,不听老师的指令,上课注意力不集中。在家各方面都还不错,就是上幼儿园不行。

回复 正常情况下,一个四五岁孩子的专注力大致在五至十五分钟之间,那都是很不错的了。所以你可以观察一下,你三岁孩子在家里做事情的专注时间有多长。毕竟,家里的人和环境是他比较熟悉的,所以他感到比较放松,于是就比较容易专注地去做事情。

除非孩子有特殊的生理现象令他难以聚焦意念,通常来说,孩子的专注力是可以被训练出来的。

通常我们说,"精力集中""专注力"与"专心"的基本意思是互通的。

但我还是忍不住在此咬文嚼字一番:

(1) 精力集中:强调一个孩子的能量水平(energy

level)。如果孩子精力太充沛了，大人要想办法把这种"多余"的能量消耗掉，他才能坐得住。多让孩子去运动就是一个比较能够消耗他的能量的好办法。如果孩子在幼儿园里已经"乖乖地"听话很久了，回到家中是要放松一下的。先让他把能量转到他喜欢的兴趣点上并消耗一下，那样他才有能力将注意力回到功课上来。

（2）专注力：强调当下孩子做手头之事的兴趣。事情本身是有趣的，他就愿意去做，并可以做得有滋有味。如果事情本身没有什么大意思，他就不愿意花费精力去完成。因此，孩子的专注力是否好，跟大人要求他去做的事情本身有关。

（3）专心：是一种情感的态度。有了以上"精力集中"的好习惯，还有"专注"地做事情的能力，孩子就会有目的、有计划地去达成既定的目标，并愿意去做到完美，即所谓的"专心致志"。

当然有些孩子天生坐得稳当，另一些孩子就好动。"好动"本身并不是缺点，而且在有些场景下它也可以是优点，所以我们不需要去"板正"它。

不妨试试以下几个方法来训练专注力：

1. 让孩子消耗多余的能量，为了能够集中精力，放学后，先让他到外面跑一跑，撒一撒欢，呼吸一些新鲜空气，直到他跑得满头大汗才罢休。

2. 挑起孩子的兴趣点,满足一下他情感上的需求。比如,回到家里后,给他喜欢的小吃,预先跟他商量好小歇的时间与奖励,"如果你做完了这个部分的功课,你就可以玩一会"。在小歇的过程中,要安排很有趣的活动,让他有愿望甚至很盼望争取"小歇"的机会。而且,父母说话一定要算话,孩子做完了某一段功课的时间一到,无论他做得好不好,你都要让他走一走,动一动。

3. 请在孩子的饮食习惯上留意一下,甜的食物是否太多。我们知道甜食吃多了是会令孩子兴奋的。但是这种"兴奋"包含失控的"亢奋"成分,所以食用过多甜食是孩子焦虑不安的原因之一。再有,有些家长通常喜欢给孩子喝果汁、牛奶或其他我们认为有营养的饮料。其实任何饮料都不能代替水。缺水是孩子不能专注的主要原因之一。因此,多喝水[①]也是培养孩子"专注力"的关键点。

4. 给孩子一个让他觉得可以独立完成的简单任务,并且一定是他很喜欢做的事情,然后我们尽量鼓励他在既定的时间内完成。请注意,只要孩子尽力了,即使没完成或者做得不那么尽如人意,那也没关系,总之,你就真

[①] 尽量提供家里水管里过滤了的(煮过的)清水,里面有保护牙齿的氟,或者天然矿泉水。避免饮用太多的蒸馏水。

诚地表扬他。

5. 训练孩子时,母亲从给他两个指令开始,避免给他太多指令。例如,请帮我去书房,办公桌的右边,第二个抽屉里,拿两支笔来,这就是四个指令了。当他把一件事很专注地做到了,母亲再递增给他任务。

6. 有一个游戏是我比较推荐用来训练专注力和记忆力的。你拿出五六样小物件①,先让孩子看看桌子上有什么东西,让他用两分钟的时间在脑海里记忆一下自己所看到的,蒙上他的眼睛(让他觉得有点神秘感),然后你悄悄地拿走一样东西后才让孩子取下眼罩,看看桌子上少了什么物件?我们孩子们小的时候就很喜欢玩这个游戏,而且他们一定要玩得很尽兴才肯收场呢。

7. 大人千万不要挑战孩子的底线。比如孩子开始时的专注力只能保持五分钟,那到了五分钟,你就要按"暂停"健,让他活动一下,给他机会自己拿水喝,摸摸这,看看那……然后等母亲表扬了他之后再回到桌面上。如果五分钟,孩子是可以保持得住的,那过两天,你就试试让他挑战一下专注八分钟,慢慢递增。请注意:让他的"耐性"不必受到考验,令他觉得专注完成一件事情是愉快的,其结果是可以得到母亲极大的赞赏。

---

① 都是他喜欢的小玩意儿,平时找不到的。

像你形容的那样,"在家还不错,就是上幼儿园不行",那你们就不必太担心。问题是,母亲要清楚学校的老师们是怎样要求三岁孩子的呢?

试想,三岁的孩子不蹦蹦跳跳,那几岁才可以呢?

这个年龄的孩子学东西是要通过游戏与活动来完成的。老师的教学方法是否有可能比较刻板,或者会经常挑战小朋友们"耐性"的底线,抑或老师要求他们完成太多的、复杂的、无聊的事情?

最重要的是,我们要从孩子的角度来看待事物。如果孩子心里没底,想着"这个老师到底要无休止地'考验'我多久才罢休呢"?"如果我听话了,那对我又有什么好处呢"?于是,这个聪明的三岁孩子就会选择全然不顾其他的当下快乐了。

这种选择也无可厚非!

关键词:多喝水;运动量要够;玩有助于记忆的游戏;给予简单规则;不考验底线;奖励明确;让他做喜欢的事情;赞美他的努力!

6 | 儿童与父母分房的好处!

✉ **提问** 麦博士,我想问问,小男生四岁半,一直喜欢有人陪伴入睡,怎样让他自己独立睡一张床呢?

🌳 **回复** 儿童从很小就与父母分房睡觉,是十分必要的。因为这样对孩子和大人都有好处。幼儿时期是否有质量好的睡眠经历,它将影响一个人成年之后的睡眠体验。

孩子独自入睡的习惯是可以培养出来的。

有些母亲从婴儿一出生就开始培养孩子独自入睡的习惯,在喝完了母奶或牛奶之后,把婴儿放到他自己的小床上,让他独自睡觉。

据我所知,有些牙医是不主张让孩子含着奶嘴入睡的,因为它对孩子牙床的发育会有一些负面的影响①。

---

① 我曾经就此问题询问过一位牙医朋友,她是牙齿矫正专科医生。在多年的临床工作中,她发现小朋友的颌骨狭窄、前牙区呈圆拱形小开(牙合),多半因为孩子在婴儿期有长期含奶嘴的不良习惯。

6. 儿童与父母分房的好处!

我们常见到有些儿童的门牙,左右两边是翘起来的,那种现象多半跟婴儿时期含着奶嘴睡觉有关。当然,等幼牙掉了,长出来的新牙也不一定就是歪的。

"母亲总是抱着孩子,摇着孩子在怀里睡着了再把婴儿放进小床"好吗?

目前看来,这种方法也不是最理想的。因为,孩子半夜醒来就会觉得不太对劲儿,怎么母亲的体温和香气都没有了呢?于是,婴儿心里没底,便哭了起来,拼了命地去找回睡前来自母亲的安慰。

因此把婴儿放到床上准备睡觉的最佳时机是:母亲喂完了奶,婴儿还没有睡着,意识是清醒的,但神志却在困倦中,这时候,大人把婴儿放到他自己的床上。这样一来,婴儿临睡前的记忆会令他觉得自己独立睡觉并不是什么奇怪的事情,半夜醒来也不会觉得整个世界好像欠了他的。

母亲要做足孩子睡觉之前的预备工作。比如,给孩子洗个热水澡,睡前妈妈哼一个小曲,在孩子耳边轻声细语地说上几句悄悄话,再给他讲个小故事……

等孩子再大一点,母亲可以跟孩子约定设立一个睡眠计划,比如,两个晚上不起夜的话,就把一枚小珠子放进一个小罐子里；如果能够连续五天不起夜找妈妈的话，他就可以得到一个去迪士尼乐园游玩的大奖！

从大人的角度来看，跟孩子分房睡的好处有很多：

1. 它不会影响夫妻间的独处和亲密。夫妻在肢体上的接触也比较随意，不用藏着掖着的去行私生活。

2. 儿童从什么时候开始注意到父母两性关系的区别，还是个未知数。有些专家认为，三岁的儿童就可以"记忆犹新"了。因此，大人的裸体换衣服，夫妻之间的神神秘秘，其实都存留在他头脑的影像中。

3. 大人搂着孩子睡觉，与孩童在裸着的肢体上太过亲密地接触，长大之后会对他有什么影响，目前学者们对此还各执己见。当然，这与我们鼓励母亲在白天要多多地把幼小的孩子抱在怀里是不冲突的。

4. 没有了大人呼吸的浊气，儿童房间的空气应该更清新一些。

5. 训练孩子"独自睡"与"独自醒"，让孩子有规律地去执行。

6. 跟父母分房的有利于孩子在心里培养"独立"的意识。

7. 那么孩子以前有跟父母同房的习惯，现在是要尽快分房吗？答案：是的！但是，这个训练的过程要从几

6. 儿童与父母分房的好处!

天,持续到几个星期,甚至于几个月的时间才可以圆满地完成,然而长远来看是值得尝试的!

今日感言:

> 疲倦的母亲,注视着,熟睡的孩儿……那种幸福感,油然而生!可爱的儿啊,你让我,领悟到了,生活的美妙,人生的意义!多么想,永远亲吻你、抱着你,都是为了准备着,将有一天,你"独立意志"的抽离!
> ——雅典娜

7 | 孩子的作业,试试放手?

✉ **提问** 麦博士您好,很有幸能在这个群里遇见您,有个孩子的学习问题让我束手无策,希望能在您这得到一些专业的建议和解决方法!

我有两个儿子,一个八岁,一个快四岁了,最近因为哥哥的学习问题,我被他的班主任"投诉"过好几次了!我大儿子还算比较乖的,作业都可以按要求完成,但是做作业的过程不够专注,质量实在差。

1. 做作业期间,专注力很差,一个晚上不知道要离开椅子多少次,所以经常做作业做到差不多晚上10点(给他提供了一个单独学习的房间,外界骚扰较少。)。

2. 遇到不会的题,他想到的第一个方法就是问父母(目前,我都是拒绝告诉他,让他耐心去想解决方法,实在答不出来再问问题)。

3. 平时做作业、记笔记字很潦草,送去过写字班,其实他认真写是可以写好的。前几天拿了张奖状回来,得了全校硬笔书法三等奖,过了一天就被班主任投诉笔记

7. 孩子的作业,试试放手?

潦草,作业不认真。已经教育过好多次了,还是没有一点进步,我认为主要是态度问题(真不知道该怎么办)。有劳麦博士花时间读一下我的问题,希望得到您的专业建议,谢谢!

回复 读了几遍这位妈妈的提问,知道她爱子之切,但纠结于孩子在学习方面的态度、专注力①与独立性等问题。

孩子到了八岁的年龄,刚刚经过了母亲的呵护期,有了"个体意识",他进入了一个新的阶段。中国古语说,"三岁看小,七岁看老",也许是指孩子到了七八岁的年龄就应该可以为自己的思想与行为负起责任。

对一个八岁的孩子,母亲应该给予他多大的自由度呢?

那就要看母亲是否愿意放手,让孩子学会独立。其实,妈妈有多大程度的"放手",孩子就有多大的余地去"独立"。

对母亲的考验是:母亲越信任孩子,孩子就越能相信自己,然后取得他人的信赖!这些便是孩子在自我认知上、社会交往上和事业达成上不可缺少的底蕴!

---

① 请参考《孩子的"专注力"》。

知己知子

我们说，母亲的责任是培养孩子去"做对的事情"与"做高尚的人"，并鼓励孩子拥有达成美好愿望的"内驱力"，然后母亲帮助孩子把自己制订的计划付诸实践，为孩子设定的目标铺路、搭桥。

请注意，至于孩子何时达成，用什么方式方法达成自己设定的目标，那应该是孩子在探索和学习的过程中，自我定位与掌控的。

孩子有了美好的愿望和明确的目标，制定了可行的计划，正在努力地探索达成的可能时，母亲就应该学会放手了。

有了以上逻辑，孩子学习上的好坏，就是他自己的责任和义务了。

八岁的年龄多么宝贵，他可以自由地去体会达成目标的每一个步骤，甚至于去体验失败的滋味，以及去享受独立完成任务、获得小小的成就所带来的喜悦！

然而，如果母亲掏书包、掏作业，紧紧地"看着"八岁孩子的功课进程，生怕他在学习上有坏习惯，给老师的印象不好，在学识上落后于别的同学，孩子岂不是会有被监督、被管制、被逼迫的感觉，还要日复一日地、没完没了地进行……母亲剥夺了孩子犯错误的机会，其实是夺走了让他从自己的错误中学习的机会。

下一个问题是怎么样能够保持孩子的"自尊"！

7. 孩子的作业，试试放手？

有了"自尊"与"自重"，孩子才会有愿望去做最好的自己！

首先在家里孩子得到了母亲的信任，他才会有愿望去争取老师的赞赏。毕竟在班级里，孩子怎样跟同学和老师相处是母亲鞭长莫及的。

就这个例子来看，妈妈不妨出出主意，跟孩子商量一个好的办法，如何让老师不再（或不敢）投诉孩子。当然，我们不可以控制老师的行为。但通常老师知道某个孩子的母亲对子女是信任的，那么老师投诉孩子的时候就会有所顾忌。如果老师太苛求的话，母亲要主动找老师谈谈，以改善孩子的学习环境。

我想到了自己"过分放手"的一个家庭小故事。

小儿子连东九岁时，有一天，他把自己的学期报告（report card）给了我。当时，我正在忙着什么，接过来就放在办公桌上了，还轻轻地问了一句："你对你的学期报告满意吗？"连东点了点头，有点奇怪地看着我。

第二天是家长要到学校去见班主任的日子，我匆匆忙忙地离开了家。已经在路上了，我忽然想起来，"麻烦了，我还没来得及看儿子的报告呢"。于是，我决定还是不要主动提这件事吧，先听听老师对连东的评价再随声附和一下，也许就可以蒙混过关了呢，如此一来，我也许让老师觉得我对自己的儿子很满意,同时也更认同老师的评价。

一到教室,还没等我说话,班主任老师就直截了当地问:"您还没看连东的学期报告吧?"

我相当惊讶,回答说:"对不起,我真的没看!可您是如何知道的呢?"

老师笑了笑:"今天一见到连东,我就问他:'你妈妈今天来开家长会吗?'

"连东说:'她会来。可是在上学之前,我去看了一眼办公桌上的报告,我妈妈还没打开呢。她可能会忘记看。'

"我接着说:'应该不会吧,你妈妈一定会看上好几遍呢,你的报告是那么的出色,她有你一个这么好的儿子。'"

我听了后有些尴尬,觉得自己真的应该把儿子的好成绩重视起来。

回到家中,在连东还没放学之前,我欣赏地把他的学期报告看了好几遍,几乎都能背诵下来哪位老师对连东表扬了什么,比如,上课听讲认真,尊重老师,还经常帮助其他同学……成绩嘛,当然好得不能再好了!

等连东回到了家中,我首先向他"道了歉",然后把背

7. 孩子的作业,试试放手?

下来的老师评语从头到尾细细地叙述了一遍,看到连东骄傲地笑了,我才罢休!

当然我也巧妙地利用了这个机会向连东表示:"妈妈太相信连东在学校的表现了,所以只要他对自己满意,那就是妈妈最大的安慰了!"

今日感言:

儿子的自白

如果,
儿子的独立,
是母亲的骄傲,

那就,放手吧,
任凭我,
经历过错,失败与煎熬!

当老师投诉时,
谢您,保我尊严,
为我遮住暴风的呼啸!

难道,

知己知子

写字,作业的好坏,
是评判我唯一的忠告?

我要快乐的童年,
尽情地玩耍,
在泥潭里摔跤!

多么希望,
"爬起来吧!"
母亲那鼓励的呼叫!

我将,
学会自主,
去追求设定的目标。

总有一天,
我成就的背后,
彰显着母亲的无比自豪!

——雅典娜

8 监管权

✉ **提问** 麦博士你好,我女儿四岁,现在很多时候做事情都很拖拉,例如让她去洗澡的时候她会要求玩一会儿,然后玩很久都不去洗澡,我统计了,每晚从要求她洗澡到洗澡完成要三十至四十分钟。这种拖拉的性格怎么才能纠正呢?每次她拖延太久,我就开始控制不了自己的情绪,就会跟她发火。请问麦博士怎么控制自己的脾气,不对孩子吼叫?

🌳 **回复** 不知道有一种理念是否会帮到你?至少,持有此种理念的父母可能比较容易与孩子和平相处,并乐在其中。

我们来到这个世上,每个人都是有着个性的灵体。母亲把子女带到这个世界上来是实施上苍所赋予的"监管权"——就是在孩子的生命中,被授予使命来保护他们不受外界不良因素的侵蚀。因此,母亲有责任和义务教育子女有助人向善的情感与服务他人的好行为。

虽然在法律上子女是属于父母的，但是这种"拥有权"在情感上不可以被滥用。因为，子女在属灵的情感方面并不隶属于父母，而是一个"独立的个体"，因此天经地义，子女需要被父母尊重！

那就是为什么我们觉得西方一些国家的法律有许多令人难以理解的条例。例如，法律上为了保护孩子的利益，父母被告知没有权力"体罚"子女。在行为上，父母也不能"冷暴力"地忽视孩子，在语言上更不能"软暴力"地去羞辱他们。

有一个段子挺逗的，是讲一位爷爷从国内去探亲，住在美国儿子家的故事。

有一次，爷爷给孙子刮痧、拔罐，结果让幼儿园的美国老师看到了孩子身上的印记，以为是家暴造成的，于是便报了警。

我们知道由于文化的差异，人们对父、母、子、孙关系的理解是有差异的。不过，我们可以在各种不同的文化中"取长补短"。在这个场景下，我们可以选择学习西方对子女的"尊重"，同时又可以持有儒家文化中"长者为大"的好传统，其实两者并不冲突！

8. 监管权

举一个比较负面的例子：当孩子的个性与母亲的特质有所冲突的时候，母亲就自然而然地用自己所理解的方式去"要求"孩子，以彰显母亲的特权："我知道什么是对你好的，你不得不听！"如果孩子的接受程度不令妈妈满意的话，妈妈就会焦虑，按耐不住，"吼叫了，发火了"，可是，事后却感到十分懊悔，感慨万千地去责备自己！唉，陷入循环，何为止境呢？

这也好像不是谁的错吧，从小我们就知道俗话说："打是疼，骂是爱，不打不骂不自在！"跟刚刚讲的西方人来比，我们对"打"和"骂"的理解不同，初心不同，所以绝对不可以将"打骂"跟"虐待"两个字相提并论。

但是，我们是否想过孩子的感受？无论在哪个国家，在什么文化背景之下成长，孩子"被罚""被骂"的感受应该是类似的，都是负面的，自我否定的。

父母为了把孩子培养"成功"，而苦苦地追求如何令孩子"内心强大"。

然而，父母在日常语言中的责怪、叹息，难道不会令孩子感到自己被身边爱他的家人所指责、所否定？那他怎么可能有勇气去挑战自己，去劝说他人相信自己呢？

时代不同了，孩子们开始接受来自各个方面的"自由"与"尊重"的理念。如果父母还不与时俱进，学着怎跟孩子们沟通以表示对他们的尊敬,却还抱着"我生你,养你,就有权力来决定你的一切"的观念,总有一天将发现:"怎么一夜之间子女就长大了,且变成了一匹'脱了缰的野马'了?"

然而,要"尊重"孩子的这种理念,并不是说允许四岁的孩子不洗澡。她那个年纪,学会遵守母亲所设定的界限是十分必要的。试试看,你事先跟她讲好了:"先洗澡?还是先玩呢?"让她来选择,以表示对她决定的尊重!答应了的,就要严格地去执行,母亲要用爱去实施"不发怒"的威严![1]

今日感言:

> 母亲对幼儿,说,"No"!
> 不要内疚,
> 设立"界限",可以是母亲的唯一理由。
>
> 可爱的儿呀,
> 生你、养你、教你、爱你!
> 是上苍赋予我的机遇,所求……

---

[1] 请参考《设立"界限"》《"不发怒"的威严》《"磨蹭"是缺点吗?》。

8. 监管权

母亲有时"抓得太紧",
为了"爱",学会去放手?
为了你,将来可以掌握真正的"自由"!

今日的摩擦,沟通,
是为了明日的挽留。
不要等到那一日,我向左,你向右……

——雅典娜

9 | 大事化小

✉ **提问**　昨天小孩的脸在幼儿园被抓伤了一点。

他说午睡的时候"不小心碰了人家一下",小朋友就伸手过来了,至于是被抓的,还是他自己划到的,又没说清楚。

我:需不需要我找老师说说?

娃:不用了,老师已经知道了,都处理好了。

我:需不需要我找小朋友说说?

娃:不用了。

我:他有没有跟你道歉?

娃:他是第一次,没什么了,原谅他了。

我:需不需要我找小朋友爸爸妈妈说说?

娃:你没有他们的手机号呀。

我:我可以问问老师。

娃:那你要快一点。

我:你希望我跟小朋友的爸爸妈妈说什么?

娃:希望他们跟小朋友说,以后这种情况可以提醒一下，我就知道了。不要直接就动手。

在我（妈妈）看来他这点伤也没啥，跟小朋友的摩擦也是他们相处社交的一部分，他要是觉得没什么，我觉得可以随他。

只是他爸爸心疼他被人抓了，让我找老师了解情况。并希望以后不要再发生这种情况。

想请教一下，这种情况是否有必要专门找老师了解情况？

如果需要，应该怎样跟老师说合适？

如果不需要，我应该怎样确认小孩确实自己解决了这个问题，而不是因为幼儿园老师让他不要找父母而说不需要我出面？

回复 看你儿子跟你的对话，觉得他是个既懂事又敏感的孩子。他留意到了老师已经"都处理好了"，自己还原谅了那位小朋友的"初犯"。这说明你们平时教育他有忍让的精神和原谅别人过错的宽容之心。你儿子也希望跟小朋友的这种"误会"不要重复发生。

既然儿子希望你跟那个小朋友的父母沟通一下，以免下次再发生类似的情况，那你就试试直接找对方家长私下谈谈。只是谈谈而已，没有必要弄得很僵。儿子都那么大度了，老子还有什么太纠结的呢？

请注意，我个人不太主张向老师"投诉"那位小朋友的抓脸行为。我们做事希望给别人留有余地，让老师对那位小朋友有了行为记录或有一些成见是比较严重的事情，除非那个小朋友一而再、再而三地触犯别的孩子。

你的儿子自己都处理得这么好了，父母帮他收个尾倒是可以的。看来，他已经有退一步海阔天空、大事化小的本领了！

无论我们为孩子做什么，目的是让孩子觉得自己是安全的、得人心的、在其他小朋友面前是好样的、充满正能量的……这些是培养孩子人格的奠基石！

看到以上的对话，我想起了一件与之相似的个人经历。

我的小儿子连东是个谦逊内敛、聪明好学的孩子，所有老师都很喜欢他。在小学一年级的时候，他在一家英国学校（中国香港）就读。有一天，老师表扬了连东，同时也为同一个原因批评了另外一个叫Kevin（凯文）的小朋友。

当他们到室外游乐场小息的时候，所有的小朋友都爬上爬下的。连东是攀爬的能手，猴子爬竿（Monkey Bar）是他的最爱，他像小猴子一样很快就攀荡过去了，可是Kevin却掉了下来，摔倒在地。连东走向他，想扶他起来,不料,那孩子一脚踢向连东的肚子,连东疼得(外加委屈)哭了起来。其他小朋友马上跑去告诉了老师,结果Kevin再次被那位老师数落了一番。

连东回到家中,告诉了我这件事。我的第一反应是马上检查孩子是否真的受伤了,就左按按、右揉揉的,很心疼地说:"这太不像话了!"

接下来的对话跟前面提问的妈妈所形容的情形有些类似。

事后,我跟连东商量了一下,并做了决定:要跟孩子的父母私下谈谈,让他们保证Kevin不会再"动粗"来伤害连东或其他小朋友了。

第二天,我和连东早早地去学校的门口等。

Kevin和他爸爸从一辆比较豪华的车里出来,要过马路的时候,连东就扯了扯我的衣襟说:"妈妈,那就是Kevin!"

我一看,愣住了,原来Kevin是那么的人高马大,简直比连东宽出一个半的身型,我还以为他至少是三年级的孩子呢。我迎上前去,主动跟他们打招呼说:"请问,您是Kevin的爸爸吗?我有急事想跟您谈谈。"

他有点惊讶。我接着说:"昨天,在学校的游乐场,Kevin不知为何踢我们家连东的肚子了,这已经是第二次了。"

还没等我说完呢，那位爸爸回头问道："Kevin，你做过吗？"Kevin很害怕，只微微地点了点头。只听"啪！啪！"两声，父亲重重地打了儿子两个耳光！

这出乎意料的动粗，把我跟连东都看傻了！我们还没缓过神来，那位父亲接着对儿子吼叫道："我看你下次还敢不敢？！"

Kevin哭了起来，哭声中有害怕、被羞辱、愤怒……这时，连东觉得有些对不起Kevin了，就马上跑过去说："你没事吧？我们进教室吧？"学校的铃声响了，Kevin低着头、捂着脸，抽泣着进入了学校。

我却拦住了这位动了粗的父亲，对他说："先生，请等等……正是因为你打你的孩子，所以他才学着打别的、小一点的孩子呀！请你跟Kevin好好谈谈，别动不动就上脚踢人。"

他生气地看着我说："你为什么不跟老师去说？让老师去罚Kevin不就行了吗？"

我无可奈何地看着他，问："你真的要我向老师投诉你的儿子？你要知道，任何家长的投诉都会备案的。也就是说，从现在开始，你儿子Kevin在学校的档案里有过'欺负'其他小孩子的记录了。"

那位父亲这时才缓过神来，说道："那我明白了，你还是不要去说了吧，我会回家处理的。"

9. 大事化小

我连忙接着说:"如果您不'体罚'孩子的话,我就不用跟老师讲了吧?"

后来,Kevin成了连东的朋友,他们再也没有类似的纠纷了。

从此,连东学会了一个道理:

铲除你"敌人"最好的办法,就是让他成为你的朋友!

10　响鼓不用重锤

提问　麦博士，我家两个女孩，大女儿比较敏感，总是喜欢听好话，要哄着她，稍微提醒一下错误，她就一下子有情绪了，板着脸不吭声也不动了，她爸爸说她像林黛玉。现在开始上小学了，要学习的知识很多，跟她纠正一下学习上的错误，她马上就来小情绪了，真是烦心。请求麦博士教教我该怎么做呢？

回复　我猜你的大女儿大概六岁？这个年龄的孩子开始上学了，接触到除了父母之外的其他大人了。从前在家里，人人宠着她，哄着她，所以她"喜欢听好话"，现在她在学校听不到别的大人或同学说好听的，那她的心理落差可能还挺大的呢。再有，母亲也觉得她长大了，在功课上开始纠正她的错误了。她也许不太理解为什么人们开始对她有这样那样的众多要求。

那么，孩子对事情特别敏感是好事吗？

10. 响鼓不用重锤

首先,我们要尊重孩子敏感的天性,这不是"病",更不是"毛病"。

在我看来,敏感的孩子有很多的优点,比如,他们天性善良,善解人意,关心他人。然而在成长时期,他们的情绪却很容易大起大落,要么过于兴奋,要么过于失望,常常过于担心不可预知的事情。所以,大多数母亲在养育这种比较敏感孩子的过程中会遇到众多的挑战。

通常对这样的孩子,我们要多给她预留"独处"的时间,给她提供一个安静舒适的环境。比如,等她放学回来,先让她自己玩些平时喜欢的娃娃手工,或摆积木等活动来放松一下,调节一下心情。

特别是,我们要加倍小心地维护她的自尊心。

当我们不得不让她改正某种行为的时候,比如需要纠正她功课上错误的时候,或者训练她独立完成作业的时候,母亲不妨试试,用一种温柔的、鼓励性的语气说:"如果你做完了功课,就可以自己去拿糕点吃喽!"(暗示:那有多好!)却不要说:"如果你做不完功课,就别想吃糕点了!"(暗示:你是做不完的,最终你也是吃不到糕点的。)

总之,孩子的耳朵里,尽量少听到负面的、否定的字眼"不"字。

女儿做功课时犯的小错误太多,于是她觉得自己心里没底。这时,大人可以假装没看见她的过失,耐心地等待她自己悟出道理来,然后给她个台阶下,让她自己"偷偷地"改正过来。

让孩子明白纪律与界限是十分必要的,无论是在家里母亲设置的,还是在学校里老师要求的,我们都要鼓励孩子去遵守。同时,也要小心观察老师的种种要求是否"合理"。如果老师布置的纪律与界限太过苛刻、太功利,对孩子身心有不好的影响,这时母亲就要义不容辞地做女儿的第一道防线!

从你描述的情况来看,母亲对女儿真的是爱护有加!诚然,对一个六岁的孩子来说,母亲真就不怕多说些好听的,多"娇惯"她一点。女儿从小好听的话听得多了,被宠爱得多了,长大以后应该比较容易拥有幸福感。她心里的爱攒够了,将来就一定能够充满自信地去面对困难。

相反,大人过多地纠正小孩子的错误,那将令她更敏感和更情绪化。

10. 响鼓不用重锤

如果小时候被纠正多了,长大了,也许她能在事业上成为一个训练有素之人,但就不知道她是否也会很喜欢苛求及否定他人。

俗话说:响鼓不用重锤。对于"敏感"的孩子,她就好像是一个响鼓,你也不用去重锤!

有时候,妈妈一句温柔的话语,递过去的一个鼓励的眼神,就能令一个敏感的孩子极其努力地去做到自己的最好——正像爱她的妈妈所希望的那样。

11 "单亲妈妈的母爱"够吗？

✉ **提问** 亲爱的麦博士,请教您一个关于父爱的问题:我有一个伙伴,她有一个五岁多的男孩,非常聪明可爱,就是太黏妈妈了,晚上有时还让妈妈抱着睡觉,他说一个人睡害怕,会做噩梦,特别缺乏安全感。他们是单亲家庭,爸爸很少与孩子沟通,因为爸爸也是一个不愿意沟通的人,打电话或视频时经常不是在喝酒,就是在睡觉,这样的爸爸会不会给孩子带来不好的影响呢？爸爸从来不主动联系孩子,都是妈妈怕孩子缺乏父爱主动打电话给爸爸的。请教麦博士,这样的情况是否还要与爸爸经常联系呢？一个女人带着男孩,怎样才能让孩子感觉即使没有爸爸在身边也不缺少父爱呢？妈妈要怎样做才能让孩子更有安全感呢？谢谢,感恩!

🌳 **回复** 如果把一个五六岁的孩子硬塞给一个酗酒的父亲,这是个很不安全的举措。当然,无论父亲有什么样"糟糕的本质",如果他一定要探访孩子,那就是他的权

11. "单亲妈妈的母爱"够吗？

利,除非能够证明他在行为上有伤害孩子的可能。

你的这种情况,看起来没有那么麻烦,父亲对孩子似乎也不太在乎。

其实,在日常生活中,母亲不需要对抗跟自己价值观不同的负面力量,而可以按照自己的方式来教育孩子,这对孩子来说也许是"万幸的事"。

你想想,现在孩子还小,等儿子到了青少年时期,如果有不符合母亲价值标准的外来势力时不时地冲击孩子,那将是一件多么糟心的事？

总之,不用刻意安排儿子与父亲的会面,而且不尽如人意的"父爱"不要也罢。

但是请注意,母亲不要在孩子幼小的心灵上种下仇恨的种子,无论从前父母的关系有多么差,都不要在孩子面前对父亲说三道四。

有时候,让一个孩子对自己并不熟悉的父亲形象有那么一点幻想也未必不是一件好事,即使它并不真实。但是母亲千万不要编故事来掩饰现实中并不那么良善的父亲,只是不用太多地提及他而已。

在孩子的心目中,母亲是有涵养的,是真诚的,是可以完全依赖的。

等孩子长大了,自己有了判断的能力,再让他自己去评论吧。

单身母亲培养出来的孩子就一定会缺乏"父爱"吗?

那也未必,这就要看母亲怎么样在身边的社交圈里寻找优秀的男性来引导自己的儿子了。①

单身母亲可以令孩子有安全感吗?

当然可以!

怎样做好一个五岁孩子的单亲母亲?

我们可以集思广益,不妨试试以下种种:

1. 当孩子偶尔询问起父亲时,母亲不要回避,只需要简单地回答你事先想好了的答案,然后自然地把话题转移到另一个令他感兴趣的事上。儿子长大了再度问起时,你可以找个时间让他一次性地问个够。

2. 如果实在找不出来父亲的正面形象,那就谈表面形象吧。比如你可以说:"儿子,你其实长得有点像你父亲,他以前可是长跑能手呢,所以你也应该有这方面的特长吧。"

3. 母亲提供的信息,可以让儿子觉得,父亲不探望儿子,并不是孩子自己的过错。父母的离异,那是大人的选择,孩子并没有什么错。

4. 母亲在日常生活中,也不要下意识地在孩子面前

---

① 请参考《宁缺毋滥》。关于晚上睡觉的情况,请参考《半夜孩子找妈妈》。

11."单亲妈妈的母爱"够吗?

总是拿自己的儿子跟那些有父亲的孩子相比,暗示他好像"缺乏什么"。相反,让儿子知道他是幸运的,因为他有你这么一个勇敢的、负责任的、优秀的母亲陪伴左右!

5. 让儿子做一个适合他年龄的"儿子",避免因为家里没有男人,便在精神上给他太大的压力。通常,单亲母亲总喜欢说:"你快长大吧,早点成为家里的男人。"这种将来式的"依赖"有可能给儿子幼小的心灵造成一定的负担。

6. 母亲在情感上也要做回自己,你的喜怒哀乐不必藏着掖着,是可以真诚地跟儿子分享的。母亲越坦诚,儿子就越觉得有安全感,因为他觉得在心灵上自己是完全了解母亲的,并在任何情况下都可以跟母亲深层次地沟通。

7. 母亲要尊重儿子(通常意义的)天生好动、精力充沛的特性。尽可能在家人、亲戚朋友当中找到一两个优秀的男性做儿子的榜样,并彼此建立信任。但与此同时要注意:儿子只有五岁,为了确保孩子的人身安全,任何活动都需要有值得信赖的大人跟随。

今日感言:

> 单身的母亲啊,
> 不必为了儿子惆怅,

知己知子

更不需"为母",
又"为父",而感伤。
其实,你自己,
就是最好的榜样!

软弱时,
也不必惊慌,
感恩吧,
你有,
那希望的"种子",
正在发芽,成长!

女人,
有时候,
可能是脆弱的,
但是,
母亲,
总是坚强!

——雅典娜

12 一分钟都不行!

✉ **提问** 麦博士,我让我儿子去睡觉,他非要看平板电脑,答应了看五分钟,可是过了五分钟还是贪得无厌,我强行拿走他手里的平板电脑,他就开始发脾气、骂人、拒绝回房间睡觉……只有他爸恐吓他、打骂他,历经一场战争之后才勉强去睡,这么一折腾又耽误半个多小时,真是头疼!

六岁的孩子非常沉迷于短视频里的恐怖片段,血腥的灵异事件……看完自己一个人不敢上厕所,但还要不停地看。

🌳 **回复** 六岁大的孩子,即使他已经沉迷了什么,父母也不必太紧张。因为这个年龄段的孩子是比较容易被改正的。假设我们在讲一个十六岁孩子的沉迷,那就相当难办了!

首先,家里应当是大人说了算,制定家里的规矩,规定孩子举止的范围,哪些事是父母可以接受的,哪些事是父母绝对不可以接受的。比如,小孩子自己要求用平板电脑看暴力和恐怖片等就是大人不可以接受的事情,那么无论孩子如何发脾气和哭闹,只要大人有一定之规,表情上淡定自如,任何一个孩子是没有办法令父母"妥协的"。

因为孩子才六岁,所以他所看的内容应该是大人选给他的。请记得:不良的东西,别说是五分钟,"一分钟都不行"!

大人绝对不应该让孩子接触恐怖的、血腥暴力的、灵异的、怪诞的等等内容。任何人(何况是很小的孩子呢)都会对那些片段留下挥之不去的印像,因此,做父母的要全力以赴地摒弃那些于孩子的视线之外,同时要努力地寻找一些有正面意义的、好的儿童电影与卡通片等作为替代。

父母要提前跟孩子讲好能让他看多久,然后双方就要严格地去执行。但是,切记不能恐吓与打骂孩子。如果父母体罚孩子的话,那他长大了会有很强烈的"被羞辱感",并有可能也会用武力去威慑比他弱小的人。

总结以上的概念:

(1) 母亲要把关,要规范孩子所看的内容。

（2）好的内容——正面的、向上的电影或卡通选定好了后，大人要跟孩子协商能观看时间段。双方一旦同意了，就要严格执行。

（3）在执行规矩时，大人请不要用武力威慑孩子或用粗暴的言语辱骂孩子。

（4）以上的例子中，大人把平板电脑收起来就是了，不需要多说什么不好听的话。无论孩子怎么闹，他还是得不到他想要的"不好的东西"。

（5）恐怖的、灵异的、血腥的场面，在大脑里绝对提供了负面信息。在这种情况下，父母真的要做头脑"环保的清洁工"了！

今日名言：

> 没有自由的秩序和没有秩序的自由，同样具有破坏性。
>
> ——《法国国民公会宣言》

13 | 一定要撮合兄妹之间的关系吗？
——理解"做老二"的感受

✉ **提问** 亲爱的麦博士，我是一个在职妈妈，有三个孩子，老大男孩，六岁，小学一年级，二女儿四岁，小女儿两岁。先生在外地工作，周末才回家，平时都是阿姨照顾孩子们。我自己每天饭点才能回到家，饭后时间只够陪伴大儿子做功课，总觉得没怎么陪两个女儿。二女儿四岁了，相对懂事了，她心理是有落差的，她很希望得到妈妈的陪伴，但她没有说出来，这个我能感觉到。学校的老师也反馈说二女儿是很期待被关注的类型。小女儿暂时没有这种意识，但她吃睡都是跟着阿姨的，我担心她只跟阿姨亲，万一有一天阿姨不做了，怕她心理会有很大落差和分离焦虑。我清楚地知道自己有一点没有做好，就是我没有链接好大儿子跟二女儿的兄妹感情，他们兄妹俩不太能玩到一起。二女儿的性格确实不像一般同龄孩子那样容易引导，她很有自己的想法，有时候甚至很固执，软硬不吃，我自认为是比较有方法而且有耐心的妈妈，但实话实说，我也觉得她真的非常难搞，带了她

13. 一定要撮合兄妹之间的关系吗？

四年的阿姨也这么觉得。例如早上起床穿衣服，怎么都不合她心意，她自己挑好了衣服也会变卦，临时不愿意穿且找各种借口哭闹："不舒服，不好看，我要一套的。"其实我知道自己在内心情绪上对二女儿已经产生了抵触，但又不知如何处理，这个问题我和教育界的其他前辈也探讨过，说要给她更多的爱和关注，但我时间又不够用。请问我该怎么解决以上这些难题呢？恳请麦博士指点迷津，您成功把五个孩子培养出来，一定有很棒的方法。

回复 一个在职妈妈，家里有三个那么小的孩子，即使家里有两个保姆，其实还是很累心的。我很高兴地听你描述自己，"我自认为是比较有方法而且有耐心的妈妈"，你有一种内在的自信和不断求证的精神，我为你点赞！

首先，我们来看看你六岁的大儿子与四岁的二女儿的关系问题。在六岁和四岁的年龄段，小孩子还没有到可以为自己的思想和行为负责的年龄，所以两人都还自顾不暇，哪有心思去顾及对方的感受呢！等老大到了八岁的年龄，你可以鼓励他自愿地去为妹妹做一些服务，让他开始学会对自己负起责任来。

那么目前，妈妈不用担心他们兄妹之间的感情链接问题。诚然,家里孩子们的感情关系是要注重的,是可以通过提供一个良好的家庭环境培养出来的。比如,兄妹两个互相生气了,妈妈先让他们自己去找方法和解,除非他们的一方有愿望让妈妈进入此事,否则应当相信他们有私下处理、内部解决的能力。

有时候,为了避免孩子在妈妈处理问题时相互攀比,妈妈可以单独找一个孩子来谈话,主要是给孩子一个发泄委屈的出口。在谈话的过程中,妈妈要强调:"你可以向妈妈说出你自己的感受……但如果你口中没有什么好话形容对方,那最好还是保留一些,以免口不择言地伤及他人。"

有时候,家里的孩子多了,母亲发现老大和老二未必就一定能成为好朋友。即使老大不介意,老二也未必愿意。毕竟"做老二"的复杂感觉也是客观存在的。①

另外,如果他们的个性相冲突的话,母亲也不必生拉硬扯地把他们拴在一起。你的老大跟老三有可能会是好朋友,或老二与老三会有密不可分的友谊。只要三个孩子学会互相尊重,在关键的时刻能够互相扶持就可以了。

请问,你的两个阿姨是一个专门照顾儿子,另一个

---

① 请参考《一只羊难赶,三只羊好放!》。

13. 一定要撮合兄妹之间的关系吗？

主要照顾女儿？

你是否跟两个阿姨好好谈谈，请她们有意识地把兄妹两个带在一起玩耍。要不，还可以留意是否有堂兄堂妹、邻人家朋友的孩子们，年纪最好是在他们之间的，试试把他们三个联系在一起玩耍，看这样老大与老二的关系是否有所改善。通过第三方，两个孩子有可能自然而然地玩在一起了。

你的二女儿好像喜欢耍一点小脾气，但我没觉得她有什么异样的地方。

四岁的女孩开始对自己的形象注意了起来，也对自己作为家里老二的"身份"留意了起来。其实，在儿童心理学中确实有"老二综合症"（The Second Child Syndrome or a Middle Child Syndrome）的说法。

就像你们家的老二，她在体力方面跟不上哥哥，看到妈妈对哥哥的信任并赋予他很多负责的特权，又看到比自己小的老三被妈妈娇宠着，在乖巧方面自己也抵不上妹妹，在心理上难免易产生妒忌，觉得自己在家里不被重视了。于是她便要找机会在妈妈面前耍一耍，闹一闹，为的是引起大人的注意。

那么，妈妈如何应付这个软硬不吃的老二，以及满足她的各种需求呢？不如试试从对她表扬和赞美开始。

试想,反正都是她自己的衣服,而且在规定时间内她是可以出门的,无论她穿什么衣服,更换了几次,是否容易变卦,那就随她呗。即使在风格上及在颜色的搭配上,她都穿得乱七八糟,那又有什么关系呢?毕竟她是独立完成穿衣服这件事的,那就值得妈妈表扬!

妈妈更可以趁此机会赞扬女儿的独立自主与善于决断,即使女儿对衣服的选择并不符合妈妈的品位,但却能得到妈妈的尊重!只要女儿的选择不干涉到家里其他人的利益,比如不会因为二女儿的磨蹭耽误了全家人去看电影的时间,就留下一些时间和空间让她觉得自己在家人面前是受重视的。

妈妈对女儿一个赞美的眼神或一个温柔的表情,可能就是她努力进步的动力!

当然,母亲有责任去设定框架,引导孩子如何去做正直的人,走正确的路。在非原则的小事上放手地让孩子去做决定,像换几套衣服才出门这种事就是属于非原则的小事,如果孩子在小的事情上做好了,她长大了才能在大的原则上确定自己的判断力。

因此,我们说:小事上不计较,大事上不让步!

什么是大事呢?

好像我们在其他文章中提到的,孩子在行为上,对电子游戏上瘾、浏览色情网站、对父母不敬等,都是母亲一定要不遗余力地制止的。

有一点请注意,贴身照看孩子的阿姨在教育孩子的理念上应该跟母亲保持一致,母亲需要她的默契配合。如果阿姨在性情上是温柔的、包容的,而且对你女儿的评价是肯定的,那也是女儿安全感的来源之一。

如果条件允许,你可以选择每天给二女儿一个固定的时间段来跟她"独处"一番,哪怕只有十至十五分钟呢。在没有哥哥和妹妹在场的情况下,你有目的地只带她一个人去楼下的小卖部逛一逛,或一起去一趟商场,只为了给她买个她喜欢的小礼物,那时母亲可要忍住,千万不要捎带着给哥哥或妹妹买什么。

总之,所有母女俩的独处活动一定是二女儿自己最喜欢的,对她来说也是最特别的,她最在意的。

晚上,当她快要入睡时,你在她耳边细声低语地说个故事给她听,那个故事是其他两个孩子没有听过的,也可能永远都不会听到的,让二女儿把妈妈的这种"特别的款待"带入梦乡,那时她感受到了妈妈对她"特殊的爱"。那么,第二天这个从前"软硬不吃"的二女儿,开始悄悄地、努力地改变自己了……正如妈妈所希望的那样……这也许就是母女相处的艺术所在之一吧!

对有两三个孩子的母亲来说,跟每个孩子独处不是一件很容易的事,但是对每个孩子来说,跟母亲单独在一起却是一件十分幸福的事情!

这种"事半功倍"的亲子活动,何乐而不为呢!

另外,你可以选择利用你现有的资源、你的人脉关系,让你的亲人与好友特意关注一下你的孩子。跟朋友们提前说好,等她们见到孩子时,就找机会给予她极大的鼓励。当然内容方面,妈妈要提前告知哪些是二女儿很需要受到鼓励的,又有哪些更是她很介意的……让你朋友们变着法子去赞美这个可爱的、有自己想法的二女儿吧。运用他人的力量来赞美自己的孩子,确实是朋友们互相帮忙的最佳体现,而且其功效不容小觑。

有时候,他人对你孩子的评价真是"一语千金"!

13. 一定要撮合兄妹之间的关系吗?

今日感言:

老二的独白

母亲,您
对哥哥的信赖,
对妹妹的宠爱。

我,
胜任不了哥哥的责任,
又嫉妒妹妹的巧乖。

与您,
只盼望"独处"的机会再来,
为的是,注意"我"的存在!

——雅典娜

14 一只羊难赶，三只羊好放！
——老二是"平衡点"

✉ **第二次提问** 麦博士，我很早就看到了您的回复，我认真思考了，并且和家人沟通了，我们觉得您说得很有道理。我们最近都在更加细心地观察和关注二女儿，并且在她哭闹、耍脾气的时候耐心和她沟通，讲道理。其实她是明白的，好面子的她不会轻易承认，但是她用行动在改变了。比如连续好几天早上不再哭了。我们也多认同和赞美她，尽可能尊重她的选择。她的表现配合多了。

她也是有些缺乏安全感的，日常开开心心的看不出来，但遇到新的事、新的情况，她会害羞、紧张、不知所措。例如当她打鼓的老师要被更换的时候，那天早上她就哭着说不要去打鼓。我抱着她说是不是担心换新老师了会不习惯？妈妈知道的，我们不打鼓，我们就去看看，妈妈陪着你，如果在那里你不想打了，我们就不打，去玩，好吗？孩子点点头。到了教室，我陪在她身旁，刚开始她害羞，后来慢慢习惯，投入了，开怀大笑。这个孩子的确是缺乏安全感，非常敏感又聪明。任何事情都看在眼里，但

14. 一只羊难赶,三只羊好放!

不常表达出来。有时候她会去捣乱哥哥的事,抢妹妹的玩具,估计很多时候都出于对哥哥、妹妹的妒忌,或因觉得没有被足够关注而发泄不满。

麦博士,感谢您!真的点出了关键问题,给我们切实可行的建议。当我能更好地理解她,更好地表达爱,我就能更好地和她相处,并且让她的内在充满爱和安全感。

麦博士再度评论 前几天,看到在云南的照片,我的左手边是Apple,右手边是Flora,后面站着的就是这位甜美、干练、镇定的"你"了。

我又看了一遍上次的回复,后悔我没有听从我助手们的话,那就是在我比较劳累的时候,别急着回复你们的问题。在云南西双版纳那忙碌的几天的空闲中,我匆匆地答复了你的第一个问题,是关于你二女儿的问题。①

那时,我对你这位养育着三个幼小孩子的母亲,说话的语气并没有那么宽容,也好像没能赋予你更多的正能量去应付所面临的困难。

你的孩子分别是六岁的儿子、四岁的大女儿、两岁的小女儿。这三个孩子年龄的间隔真是上苍所赐、可遇

---

① 请参考《一定要撮合兄妹之间的关系吗?理解"做老二"的感受》。

而不可求的!

你很聪明且想法是对的,三个孩子的年龄段足够使得他们在自家"摸爬滚打"。你们家的优势就是,通常他们不太需要别人家的孩子来做玩伴。

当然,因为老大是男孩子,有时候需要为他安排一下跟他年龄差不多的男孩们一起玩耍交友,那也是十分必要的。

老大的优势是他有大把机会在家里带领妹妹们做游戏,那是锻炼他领袖才能的大好机会!要让老大感觉到自己作为长子是有责任的,从而心甘情愿地去忍让并关照两个妹妹的喜怒哀乐。请注意,能让老大自己感受并愿意负起责任,比母亲强加于他作为"老大"就得负责要好得多!

如果你们的老二是个 Town-Boy(假小子)类的性格,那他们兄妹俩就可以关起门来"龙争虎斗",乐在其中了!

看来,你的老二已经起到了"承上启下"的作用,她的言行对老大和老三都会有着潜移默化的影响。其实,"老二"可以起到一个平衡点的作用!

你这位能干的妈妈,早就意识到了,要把这三个孩子的关系搞得融洽,让他们能愉快地玩在一起,更能够互相关爱,各尽其职。

14. 一只羊难赶，三只羊好放！

俗话说："一只羊难赶，三只羊好放！"

家里只有一个孩子的话，时常要出去跟朋友们玩，他什么时候回家、几点做完作业、何时要熄灯、家务活的分工合作、零花钱的掌控等，母亲很难对独生子女设立一个参照物来做比较，那么实施家规时的力度也就很难把控。

那么，如果家里有两个以上子女的话，母亲在老大身上试验过了的事情，到了老二的身上，可以选择变通与改进。等到了老三的身上，母亲也可以审时度势，完全抛弃原来的做法而去尝试全新的东西了。

没有谁可以要求母亲一定要先知先觉，凡事面面俱到，做事滴水不漏。只要母亲按照自己对事情即时的理解，并做了她最大的努力，无论事情结果如何，这位母亲都是值得赞扬的！因为，母亲养育孩子的过程也是其本身灵性成长的过程，因此，体会好了，幸福感就来了！

以下分享我们麦家庭的一则小故事：

我们家里两个小的——老四与老五（相差只有十八个月），在六岁和四岁半的年龄时，我发现他们两个简直是"龙虎斗"（哥哥属虎，妹妹属龙），无时无刻不拌嘴、打斗，没完没了地闹着玩……

由于我们三个大孩子的平衡点是老二，他们三个相处愉快,因此,我跟先生商量,不如再收养一个年龄介于老四和老五之间的孩子吧!

那时正值暑假,十七岁的二女儿从香港到了大连的外婆家。外婆提前帮她找了一家"流浪儿童收养所"做义工,她被要求去教那些孩子一些英文课程,并教他们玩一些互动的游戏。

在那些流浪儿童中,她遇到了一个五岁的、很聪慧的男孩子,他是在襁褓中被父亲遗留在大连火车站的站台上的。那几天,我们全家时不时地去收养所,为的是观察那个可爱的小男孩。每当看到他被稍大一点的男孩子欺负的时候,我们就马上跑过去保护他。

经过全家人的商量,我们决定跟当地政府好好谈谈收养这个孩子的可能性。那时,我们满心欢喜地准备着……想着他将给我们家庭带来新的喜悦。

直到有一天,我们得到了通知:"对不起,这个孩子的父亲把他遗留在火车站的时候,特意在包裹中塞了一张条子,说这个婴儿是朝鲜族的后裔。根据国家相关规定,这个有'出生证明'的少数民族流浪儿,在未找到父母之前,是不可以被收养的。"

非常遗憾的是,收养一个孩子可以在麦家庭的第二个"三人组"中起到平衡作用,从而可以重复"三只羊好放"模式的那种"私念",从此便烟消云散,不了了之了!

15 | 为孩子寻找"舞台"

✉ **提问** 我家孩子五岁不到,今天和一个同龄小女孩一起出去玩,两个家庭每周都会一起去游泳,彼此是很熟悉的。游完泳大家一起到公园玩,因为公园在小女孩家附近,她的妈妈又喊来了孩子的同班同学,另外两家人。

一起玩的时候,大家玩了一个飞盘扔到谁、谁就要表演节目的游戏。另外三个小朋友都被飞盘扔到了,表演了节目,大家本来也是随意地玩游戏,游戏就停止了。我家孩子就没有机会表演了。我看他挺想表演的,但他又是有点害羞的孩子,我就鼓励他想表演就去表演。我问他想不想表演,他点头,我就大声说:"HuHu 也要表演。"但是大家本来也不太熟,其他人没什么反应,只有小女孩妈妈说:"欢迎 HuHu 表演。"但是我家孩子还是没有上去,同时也反复用我的手机在听他想表演的音乐。

后来这件事就这样过去了。我感到那一刻他感受到了失落,他拿起手机到处拍照,似乎想得到大家的认可（因为平时在家，总是会让每个人都来看他的"作品"，大家都会给出回应），然后他看大家也不是很在意，拍了很多照片以后，也就算了。

在这个过程中，除了和之前一样夸赞了他拍的照片（我觉得确实拍得不错），我始终没有说什么、做什么。我不知道我这种处理方式是合适的吗？我需要和孩子交流这个过程吗？或许这就是一次正常的挫折，也不必再和孩子交流什么？

回复 我很欣赏您这位妈妈对孩子的一举一动、一言一行的敏感度！如果妈妈注重孩子一丝一毫的心理变化，它将令孩子有愿望去了解自己的情感，并学会尊重自己的感受。以上种种，是母亲与孩子在灵性上共同成长进步的极好品质。

首先，要避免在母子二人心情不佳时讨论、评判此事。母亲等自己平静下来再主动跟孩子交流这件事。

1. 母亲先问问儿子："HuHu，你觉得昨天玩的表演游戏怎么样？"

儿子的回答也许会超出母亲的预料："还可以吧，他们表演的，其实我也会。"

母亲接着说："当然了，我觉得 HuHu 也许表演得更有自己的特色呢。可惜,昨天大家没机会看到你的表演。"

2. 母亲:"HuHu,今天大家没玩完游戏就跑掉了,下次我们找一个机会再玩一次,因为妈妈、爸爸都还没见你的表演呢。"

儿子:"好呀!其实,我已经选好了音乐,等下次我就知道表演什么了。"

母亲:"要不,你自己准备一下,我们自己家先召集一下,然后你表演给我们看?"

总之,在与其他孩子们玩耍时,母亲要鼓励自己的孩子学会为他人鼓掌,也不去理会是否能够得到别人的赞赏,因为那是不可以操控的事情。久而久之,孩子长大了,别人会慢慢地意识到他其实是很有内涵的、很有内在力量的、心理很健壮的孩子,于是他们(小朋友和家长)会转过头来学会欣赏他的内在与沉稳!

说到这,我觉得你家孩子有点像我们家的老四,儿子连东。他小的时候,在一群男孩子面前总是抢不着风头,一到生日会或派对上,连东总是不慌不忙地跟在后面。别人玩够了,吃得差不多了,他才反应过来。由于他的"谦让"精神,令大部分男孩子都喜欢他,也从来不把连东当作自己的竞争对手。等到了中学,孩子们都愿意交连东这个很稳定、值得信赖的朋友。再等到了高中,同学们都愿意跟随连东做各种各样的义卖活动。那时候,连东的创意与领袖才能都得到了淋漓尽致的发挥。

韬光养晦,是孩子自己在生活中揣摩出来的。在群体活动中出众的孩子看起来似乎是有领导力的。但是,能为别人加油,将自己的本事和优势揣起来,却不是什么人都能学得到的。

至于在社交场合,觉得窘迫(不好意思),母亲有时候可以轻描淡写一下。有时候,孩子也不知道自己是应该"觉得窘迫"呢?还是"没什么了不起"?他也许正在犹豫着"自己到底应该怎么想,应该如何感觉"?

其实,有时候我们自己觉得不好意思的事,别人有可能都没察觉到。

在这里给你几个建议。

1. 自己在家里,可控制的情况下,召集家人为孩子"搭一个舞台"来表演节目。让他好好地准备一下,一两个节目即可。但是,母亲要保证所有被邀请的嘉宾(爷爷奶奶之类的),一定要给予孩子正面的鼓励,不可以挑三拣四地说风凉话。

15. 为孩子寻找"舞台"

2. 也可以考虑邀请小女孩和妈妈来参加。看样子,她是比较支持孩子的。

3. 在准备节目的过程中,母亲要亲力亲为地帮助他。也可以商讨一些创意,去给他人一个惊喜。

从中母亲可以学到:期许他人为自己的孩子喝彩是可遇而不可求之事。那是母亲无法控制的事情,但是她可以为自己的孩子寻找一个"舞台",令孩子得到赞许的机会。

遇到窘迫之事,母亲要首先安静下来,嘴里和心里都过了对别人嘀咕的阶段,再找孩子聊天。

要尊重孩子的感受,不去判断它的对与错。聆听孩子对此事的看法,有时候孩子反而把大事看得比较坦然,那对母亲来说,岂不是事半功倍了!

16 "磨蹭"是缺点吗？

✉ **提问** 谢谢麦博士的分享《"不发怒"的威严》。我们家孩子五岁半，做什么事儿都磨磨蹭蹭，好好跟他说的时候，他就不当回事儿，非得我火冒三丈朝他大吼的时候，他才会有一点点反应。然后，过不了几分钟，又重新磨磨蹭蹭了。我也在想，抛开孩子的问题，自己怎样可以做到不要一天到晚地吼他。我想借鉴《"不发怒"的威严》里的方法，但早上起床上学的时间比较紧迫，这时就无法放任他的行为，只能催着他。对于这种需要赶时间，而娃却不配合的情况，您有没有比较好的建议？谢谢您。

🌳 **回复** 看样子，你这个妈妈是个急性子，而上苍偏偏赐予你一个磨磨蹭蹭的儿子来磨炼你呢。

其实，所谓的快与慢都是相对的。妈妈的风风火火，大呼小叫，加上不停的催促，对一个天生就沉静安适的孩子来说可能有一种无形的压力。

16. "磨蹭"是缺点吗?

我喜欢的一本书叫 Quiet①。这个 Quiet 的中文意思可多了去了,比如可以翻译成"沉静""恬和""低调"与"安适"等。

这本书主要是说传统意义上,人们往往把外向型人格看作是成功的必备条件。相反,内向被看作是不太可能成功的人格特质,然而这本书颠覆了从前种种狭隘的、错误的观念。

母亲应该学着了解自己的特性和孩子独有的特质,这就是所谓的"知己"与"知子"。无论对方是外向型的(风风火火/大呼小叫)还是内向型的(安静沉稳/磨磨蹭蹭),母与子都要尊重对方的特性,顺其自然地相处。

"知己",就是母亲要了解自己的底线在哪里。在这里所指的底线并不是规定孩子范畴的原则底线,却是在情感上,母亲对哪些事是可以忍受的,又有哪些是不可以忍受的。首先,每个母亲要做回自己,对自己的情感健康负责,自我认可了,感觉自信了,就要坚持去做"对"的事情。

你看起来好像比较重视孩子早上迟到这件事情,那你就要设法去改善这一问题。然而在其他对你来说不

---

① *Quiet: The Power of Introverts in a World That Can't Stop Talking*. Author: Susan Cain. Publisher: Crown Publishing Group. January 24, 2012.

那么重要的事情上允许孩子磨蹭一些,以便让他放松自己。就像一个橡皮筋,它总是绷得太紧,或被拉扯到极限的话,有朝一日它要么会反弹,要么被扯断。

知子莫如母!

观察一下孩子,看他是否只在某一事情上磨蹭,而对其他事情的态度是雷厉风行的?

孩子是否在慢慢地做事的过程中思考着,并享受它带给自己内心的恬静?

母亲要挖掘孩子特质中的优点,扬长而避短!

避免短处,就是避免凡事都要让孩子根据妈妈的时间表、做事风格去定快与慢的标签。请注意,这里的"避短"并不是"除去"的意思,而是知道自己的短处后,遇到事情时懂得灵活处理。

达到知己与知子的境界了,全家才能和乐融融、随遇而安。

给你讲个我的亲身体会:我们家的小儿子,小时候很喜欢磨磨蹭蹭地做事情。可是,我发现他表面上是磨蹭了点,但是从他乐在其中的表情来看,在慢慢地做事情的过程中,他其实一直都在思考问题,那种恬适和沉静的样子,着实可爱!

等他大了一点,上了中学,他的学习成绩就遥遥领先了,优势彰显无疑。除此之外,这个不慌不忙的小子,

16. "磨蹭"是缺点吗？

高中时还进了橄榄球校队做后卫呢。

他也曾经在校际比赛中拿了个400米跨栏的金牌！

很明显地，在运动方面，他绝对不是一个"磨蹭"的孩子！

学校的老师都喜欢跟他聊天，常常被他的内敛和谦虚所感动，为他内在的自信和沉稳而赞叹！又有谁能想到他小的时候曾经是个落单的、经常找不到教室的、在考试时总是做不完题的"小磨蹭"呢？

直到现在，他已经是22岁的年轻人了，家人还常常笑他："最后一位吃完了饭的……常常因为思考，都没有留意到自己喜欢吃的那道菜，一早就被别人一扫而空了……"

虽然在大学里，他拿到了奖学金，可是每当考试的时候，他都要十二分地警醒时间带给他的限制。这种"磨蹭"，也许是他的短处。

值得注意的是，当他施展起领袖才能的时候，人们就很容易被他那种遇事不惊的恬静与按部就班的稳健体现的个人魅力所折服！

如果这位母亲，你也同意磨蹭并不是缺点的话，你还会火冒三丈地对他大呼小叫吗？你还想去把他那沉静与安适的本性改掉，改成急吼吼的、坐不住板凳的那种性格？（天知道会变成哪种类型了呢。）

关于上学不迟到的具体方法：

1. 孩子毕竟才五岁半，母亲要帮助孩子提前做好学前准备。比如多留出十分钟的时间让他有那一小段的磨蹭余地。同时，还要鼓励他要保持那种安适的、不焦躁的心情。

2. 跟儿子先讲好条件，如果不迟到了，会有什么样的奖励，相反会面临哪种后果。这些都应该在不发怒的情况下坚定地执行。

3. 要不，就让他迟到几次，看看他自己是否在老师和同学面前觉得不太好意思，说不定那也是他能够下定决心去改正的一种动力。

4. 因为他的迟到并不影响别人，是属于他自己的事，因此无论孩子做出怎样的选择，母亲都不要多加评论，还是让孩子按照自己的时间表和空间感去调整吧！

今日名言：

A person's weakness is also his strength.

一个人的弱点也是他的强项！

——无名氏

17 头上长角，身上长刺！

✉ **提问** 麦博士早，我家儿子今年读一年级，因为刚开始上学时有些疏忽，孩子在老师那留下了爱惹事、好动的印象。前几天在公开课上，因为和几个孩子互相用脚蹬对方（孩子回来说是别人惹他），班主任老师（23岁）很生气，罚孩子一周每天除了上语数课，其他时间都去办公室罚站。我跟老师沟通无效，老师坚持认为需要放大教育。我在家每天跟孩子沟通，劝说他接受惩罚，并且和他交流如何可以改善老师对他的印象。

好不容易一周惩罚结束，昨晚孩子不睡，非常愤怒，说昨天又开始被罚每天下课站在教室门口，孩子说觉得很丢脸，不想上学了。我能感受到孩子很愤怒、很沮丧，他说："我怎么做都没用。"作为妈妈，我很着急，要如何帮助孩子度过这个阶段？谢谢！

🌳 **回复** 一起床就看到你的信息，觉得事情紧急。看来，孩子受到的羞辱已经超过了他所能承受的了。请先安慰孩子,在没搞清楚事情前,还是不要逼着他去上学了。

上周你没有意识到事情的严重性,只是纠结着,那现在建议你刻不容缓地去学校处理此事。搞清楚为何在家长和孩子都已经配合了老师、接受了惩罚后,情况却还是每况愈下?

男孩子们在课堂上跟朋友们踢来踢去,也不是什么不可把控的新鲜事,老师用一周的时间(除了语数课)这么严重地惩罚孩子是过分的举动。

在班级同学面前罚站,当众侮辱人格的"体罚"做法,对孩子的身心成长绝对会产生负面影响。看来,这位班主任老师是想"牺牲"一个孩子的尊严来个"杀一儆百",以彰显她对其他小朋友的威慑力。

在这个节骨眼上,暂且无需论断事情本身的"对"与"错",家长应当站在孩子的立场去感受,让孩子知道母亲将不遗余力地维护他的自尊心。从现在开始,家长方面不应该接受来自学校老师当众惩罚孩子的任何理由。

然后,母亲要去为孩子争取一个补救他受伤心灵的交代,让他觉得一周都"被当众处罚"是过分的行为,整个事情是大人们没有处理好,才让他受到了委屈。

我们说,Discipline(风纪、守纪、处罚)与 Punishment(惩戒、惩罚)是有区别的。

"守纪"是个正面意义的词汇。在守纪的场景下,小朋友们知道老师规范的界限是什么以及为什么要遵守纪律。比如，在课堂上不可以跟其他孩子闹来闹去，如果不小心犯了某种错误，老师处罚的力度将是什么。

学校也应当有一套完整的规则，对可能出现的情况，分别有怎样的处理程序。比如，老师是否应该在采取行动——处罚学生之前，预先告知家长，并得到家长的同意？或事后要报告给家长？目的是让小朋友们在接受处罚时，也能体会到遵纪守法和维护集体的精神。

而且，老师在执行处罚的过程中也分正面管教与负面管教。

正面管教的方法就是"对事，不对人"，即让孩子觉得"我做错了事，但是我还是一个好孩子"。当孩子扰乱了老师教课的心情与课堂秩序，老师首先要提醒、暗示小朋友"此行为是错的"，然后给他一个机会改正。如果这个小朋友在行为上没有明显的改进，那么老师就可以明确地警告（但要注意语言上不可以有羞辱的词汇）。如果还没有效果，老师有权利让这个小朋友暂时脱离学习小组（Time Out），去角落里静一静，独自想一想，同时老师还得保证班级里其他同学的学习照常进行。

然而，对不同年龄的孩子来说，冷静的时长也应该不同。比如，对一个六岁的孩子来说，老师就不能让他站得太久。大概在十至十五分钟后，老师就去询问一下，看这个小朋友是否已经意识到了自己不当的行为，并有决心改正，然后得到许可他就可以重新回到班上了。

老师给孩子改过的机会，孩子自愿地承诺改善行为，其实，在这个过程中，老师与同学的关系是一个关键点。那就是，老师对学生的尊重才能令他们自愿地去做老师让他遵守的事情。

负面管教就是"惩罚"，它令孩子觉得老师是"对人，不对事"——"因为我做错了事，所以我在老师眼里不再是一个好孩子了。老师从此不再喜欢我了，因为他当着同学们的面来惩罚我……"

孩子在被惩罚的过程中感到被羞辱，从而他觉得愤怒与沮丧。

"体罚"是惩罚的一种形式。体罚在短时期内对孩子有震慑的作用，但是长远来看，它并不能让孩子改变行为。表面上看，孩子好像怕了，不敢有冒犯的行为了。然而，老师当众羞辱学生，这会严重地打击孩子的自尊心和自信心。孩子不但没有发自内心的愧疚，反而对体罚带来的羞耻感感到愤愤不平。

这位焦急的母亲，你可以考虑是否要到学校领导那里，用平和的口吻说明你相信学校的教育理念，那就是：学校与家长都要尽最大的努力去"保护孩子"，即维护孩子的尊严和保证他的身心健康!

如果你不擅长言辞,可以请你的家人或朋友陪你一起出面调停。

跟学校老师沟通最理想的结果,是让老师私下跟你的孩子谈谈,讲一下老师的立场和感受。如果老师能就他过分处罚的行为向你儿子道歉,那将对孩子的身心康复起到极大帮助。

请记住,家长的态度明确了、口气坚定了,那么学校和班主任老师下次再想拿捏你孩子时,他们就不得不有所顾忌。

假定事情的发展不尽如人意,家长也可以考虑给孩子换个班?如果家长所有的努力都做到了,也证明原来的环境对孩子是不利的,那么是否拿出"孟母三迁"的精神,争取给孩子换一个环境?

以上只是个人建议,请你在能理解和能接受的范围内灵活变通。

*刚刚想发出回复,就收到了提问者对事态进展的更新:

"刚才我跟老师沟通了,我告诉他孩子昨晚的表现,并且严肃地告诉她,惩罚孩子可以,但我请老师不要让孩子在很多人面前罚站,这种方式我不能接受。老师说知道了。"

"感谢麦博士,作为母亲,我没能理解孩子,还说服孩子,真的觉得自己有些失职。可能因为我以前也当过老师,知道现在小学不能由家长选择,如果跟老师关系不好,以后孩子在学校的处境会更难。还是希望孩子能慢慢地适应学校生活。"

麦博士再次回复 很高兴你这位好妈妈能够冷静地处理此事,我相信你本着"爱",把孩子的利益放在首位。在处理此事时,跟老师及学校搞好关系也是十分必要的。

但可别给老师"私下可以惩罚孩子"的绿灯信号!那个范围太广泛了,大人关起门来处罚一个六岁的孩子,情况是不可控的,尤其是这位老师曾经做过了头。

要去争取和老师达成一个共识:发生任何事情,老师在处罚孩子之前,一定要将用到的方式与方法告知家长,得到了家长的许可之后才能进行。

你的孩子才六岁,当他看到母亲不遗余力地为他争取尊严和自由,他的感激之情可以令他忘记那些来自外部的各种不愉快的经历。

上苍赐给了我们一种本领,那就是拼命地留存美好的记忆,而去摒除痛苦的痕迹。事情过去之后,母亲不必把此事挂在嘴边,希望孩子只记得对自己有益的美好事物,能极力地忘却那负面的、被羞辱的经历。

母亲,也请你忘掉自己曾经的"过错",用加倍的温柔去传递你的大爱吧!

今日感言:

> 为了争取孩子的自由,
> 为了维护孩子的尊严。
>
> "头上长角,身上长刺",
> 母亲"保护孩子"的诺言!
>
> 勇敢地,
> 去挑战,去改变!
>
> 接受那"不可改变"的事情,
> 享受那"可以改变"的实践!
>
> 无论过程如何艰辛,
> 确是"大爱"的美妙体验!
>
> ——雅典娜

18 宁缺毋滥
——单身妈妈的"挑战"

✉ **提问** 我家儿子今年六岁半,他的爸爸在他两岁半的时候意外去世了。这几年我尽自己所能从身心灵及各方面给予孩子我所能给到的一切。所幸努力没有白费,孩子聪明、开朗、阳光。但随着他的成长,我慢慢能感受到父爱的部分在每个年龄阶段都是那么的不可或缺,我也确实尽我所能时不时给他讲爸爸很爱他、很优秀的种种过去,家里有很多过去的相片,他们父子的合照、全家福。我陪他打球,也让我弟弟来我家一起住,为的就是在他的生活中创造一个男性的存在(弟弟21岁,还很稚气,不愿意陪孩子玩,但他也发挥了最基本的作用,也感谢他),想让弟弟跟儿子多玩点男孩打斗、打球的游戏,但是他只打手游,于是我只能自己去做这些事,甚至跟儿子"打架"(男孩真的很喜欢这类游戏,越长大力气也越大,他即便是轻轻跟我打,我也感觉应付不了)。我发现自己越来越无法再承担那个"父亲"的角色,我自己还没有再步入感情,也不知道什么时候会谈恋爱,身边熟悉的男性朋友寥寥可数,我也尽量创造机会让孩子跟这些男性接触。但我仍旧感觉自己无法给孩子男性的思维、力量和陪伴。麦博士,关于这部分想听听您的见解。

现在中国的家庭教育大部分呈现丧偶式教育,所以日常生活中我家接送孩子、陪伴孩子跟很多家庭没有区别,因为他们的爸爸也常常没有出现。幼儿园时,班里同学问孩子:"你爸爸呢?"孩子就会直接说去世了,去天堂了,我跟他说可以婉转点,说"爸爸跟我们分开了"。现在他已经上小学了,还没有同学问过这个问题,前段时间我问他:"如果有人问你,你怎么说呢?"孩子说:"不知道,就不说吧。"很明显感觉到孩子长大了,而我要如何教他面对这些呢?

前段时间我跟孩子谈心,聊关于爸爸离开他的感受,他说会想念,放在心里想念,但他也说不出对爸爸更多的感受跟想法,我也很能理解,毕竟那时候他还小。孩子目前没有任何问题,各方面都很棒! 只是我个人想知道接下来陪伴跟教育的方向,以前我都是自己想,包括我做的这些也是我认为自己能做到的全部了,所以担心思维有些狭隘。

回复 细细地读了几遍你的问题,心里很感动! 独自把孩子培养得如此聪明、开朗及阳光,你真是一位伟大的母亲!

正像你所形容的,"孩子目前没有任何问题,各方面都很棒"。

从你对儿子的正面评价来看,你儿子将来一定错不了!

我可以想象在你丈夫去世后的这四年里,你所承受的压力与艰辛。

在你所理解的范畴内,你已经尽力尽责了。

有关孩子是否缺乏"父亲形象"的问题,是值得我们探讨的。

如果你身边的朋友中,能找到哪怕是一两位具有优秀品格的、拥有好的男性形象的人,你可以选择让孩子和他们接触一下。

看来你也尝试了一些方法,"让弟弟常常来陪着儿子玩玩"。

你也常常带着孩子去参加一些社交活动,这些都是十分必要的。

但请留意,孩子才六岁多,进行这些活动时你最好要在场陪同,在精神上防止受到不良倾向的侵蚀,在身体上也防止性侵犯的危险,总之要确保孩子的人身安全。

其实,单亲妈妈不必刻意地去承担"做父亲"的责任。你首先要做回你自己,别一会儿"当妈",一会儿又"当爸"

18. 宁缺毋滥

的,把自己的情感弄得很夹生,更有可能把孩子也搞糊涂了。

一个坚强的母亲完全可以独自培养出优秀的子女。

你的儿子那么可爱,这就证明了你已经做到了你的最佳!

丈夫早逝,与离婚的情况有一定的区别。

有些孩子在父母离异的时候,幼小的心灵中储存了太多父母争吵的记忆,心里难免会产生负面的影响。但是,你的情况不同,孩子的父亲因病去世,母亲是不必藏着掖着的,也不必让孩子觉得自己比别人"缺少"了什么。

孩子对同学们说自己的父亲不在世了,其实比说父亲离开他了,要好得多。毕竟,不在世,不是人为造成的,而"离开他了"这句话,怕给孩子带来一种"被父亲抛弃了"的感觉吧?对此,孰轻孰重,你再观察体验一下吧。

基于你家里的特殊情况,你可以跟儿子商量一下:别人问家庭情况的时候,孩子觉得如何回复才是最舒服的。如果对方只是随便问问,又跟你们不太熟悉的话,你们也不必认真地去回答。但对方是比较亲近的人,在某种正式场合下,你们娘俩要准备好如何回复他人的关切,做到既坦诚,又有礼貌。

你说:"我也确实尽我所能时不时给他讲爸爸很爱他、很优秀的种种过去。"

你做得对！孩子保存着对生身父亲"爱"的回忆，他的内心是安稳的、有希望的。

你还说："我发现自己无法给孩子男性的思维、力量和陪伴。"

一个孩子"男性力量"的源泉，来自一个伟大母亲温柔的呵护、坚定的鼓励与无比的信任！母亲的温柔会给孩子带来强大的内在力量，令他学会果断地、坚定地处理事情，这就是所谓的"男性思维"与"男子气概"！

单身妈妈如何正确地引导孩子全面地发展呢？

你可以试试让儿子参加一些男孩子群体性的运动项目，比如打篮球、踢足球、参加轮滑训练等。抑或选一些挑战自我的单项运动，例如跟着教练学打乒乓球、田径赛跑、竞技游泳等，这些都是接触不同男性的好机会。

如果他不太喜欢运动的话，那就尝试鼓励他加入男孩子组织的小乐队，学打架子鼓、跳嘻哈舞等一类的文艺活动。

你又说对了，"现在中国的家庭教育大部分呈现丧偶式教育……因为他们的爸爸也常常没有出现"。

我发现至少在我们群里，很多家庭都是依赖母亲一方来教育孩子的，似乎大家很少提及夫妇双方"育子"时如何共同承担家庭的责任和义务。

同时我也才意识到，以前回复时，我总是用"父母"一词来代表夫妇二人的共同责任,现在看来,这种用词确实对单亲母亲有些不敬。从现在开始,我要用"母亲、妈妈、家长"等字样来替代"父母"两个字。

我身边有不少优秀的男性朋友都是被单亲母亲抚养成人的。我也特意询问了一下,发现他们的母亲都充满了大爱和智慧。而且她们也是尽了最大的努力让孩子接触了一些比较负责任的、品质优良的男性,由他们做孩子的带头人。

有一位母亲送孩子参加学校的足球队,幸运的是,足球队队长和教练都加倍地呵护这个来自单亲家庭的孩子。另一位母亲送孩子去一家农场打一些零工,农场主非常亲和,他手把手地教这个孩子怎样修理农具,怎样灌溉农田,以及如何饲养牛羊。这些男孩子们在成长的过程中得到了好的父辈的指引,同时也学会了怎样与他们的领路人建立终身的友谊。

当今的社会,找到优秀的男性领袖来培养自己的孩子也许是一件可遇而不可求之事。宁缺毋滥!单亲妈妈,切不可胡乱找一些不太理想的男性形象来"污染"自己本来很优秀的孩子。如果你已经尝试过了,却暂时找不到合适的男性,你也不必灰心。因为,我们坚信,孩子在优秀母亲正能量的影响下,一定能够茁壮地成长起来!

知己知子

今日感言：

单身的母亲啊，
你承受着，
双重的压力，
付出了，
双倍的辛劳！

你要知道，
你也将，领受孩子，
双重的爱慕，
获得"你与他"，
双倍的回报！

——雅典娜

19 "天才"就像一块宝玉

✉ **提问** 麦博士您好！我儿子今年七岁，目前看到他对画画有浓厚的兴趣，自己经济能力有限，不太能给他报班学习，这种情况下我需要做什么能帮助孩子在绘画上得到更多启发以开启他的绘画天赋（我认为他是有天赋的）。我自己能力有限，但不想阻碍孩子天赋的发展。孩子每天在学校利用午休时间画画，每次回来就看到十几二十张白纸上画了各种火柴人、恐龙大战、机器人、学校同学人物等画作。他对画画的兴趣已经持续了一两年之久。谢谢麦博士！

🌳 **回复** 不知道有多少母亲羡慕你有这么个"天才"的儿子呢！你的儿子是幸运的，因为他的母亲能够很早就赏识他为"天才"了！

有些专家认为，孩子在绘画或音乐方面的天赋是与生俱来的，就是说，它是来自上苍的礼物！既然孩子的才能并非后天磨炼而成，那就要靠他自己在人生的不同经历中去体会,一点一滴地成长,终有一天这按耐不住的能量就会自然而然地彰显出来。

孩子目前正处在自由的探索之中,也能得到你这位聪明母亲的极大鼓励!

有才能的孩子就像是一块宝玉!如果这块宝玉不幸落到了一位平凡工匠的手中,不但不会受到重视,还有可能白白地浪费掉宝贵的材质。母亲不妨把这块宝玉暂且留着,等时机成熟了,自然会有惜才之人在适当的时候出现。请告诉孩子耐心地等待吧,总有一天,他将被慧眼的大师们挖掘出来,然后经过打磨,被雕琢成器!

建议:

1. 继续鼓励他自由地去画,按照他自己"天马行空"的想象去画。

2. 看哪位同龄的小朋友开生日会,母亲跟那位妈妈询问一下,是否有兴趣让儿子做一些"惊喜"的礼物,比如定做孩子们喜爱的卡通人物画作为生日派对的邀请卡?我们知道,小朋友最理解小朋友了,你儿子的画可以给同龄的小伙伴们带来一些意想不到的喜悦!

3. 如果真的可行,你就试着给他开个银行账户(用他的名字),为他将来有一天拜大师做准备吧。等长大了,他自然就学会了分辨与取舍、所学与所用。

4. 请注意,妈妈最好不要在孩子面前经常提到"由

19. "天才"就像一块宝玉

于家境,所以不能送他学画"之类的。当然,母亲有必要让孩子知道自己家里的经济环境,但是不必让孩子觉得自己的才能因此被耽搁。

给你讲个麦家庭的小故事吧。

那时候,我们住在中国香港,小儿子连东八岁、小女儿连西六岁。他们两个同时开始学中国的山水画。连东喜欢画鹰和老虎,连西喜欢画马和各种小动物。有幸的是,我们请到了一位专门临摹或复制名画的"大师"。他很会教小孩子,每次画完了就小心地把他们的"涂鸦"收集起来,好像拿到了宝一样。等下次来上课的时候,他就带着特制的卡片来给孩子们看了。

当孩子们看到了自己的"作品"可以用来"展示"给人家看的时候,别提有多自豪了!久而久之,他们的画也就越来越像样了。

小朋友的生日,他们用自己画的卡片去祝贺,连给老师的留言都是"不经意地"用上带有自己作品的卡片,当然为的是要博取对方惊叹的一番赞许喽!

可惜的是,不久我们就搬来了上海。那时,我怎么也找不到一位适合的老师。最后就随便地在家附近找到了一位画画老师,让孩子先上着看。

然而,教训是惨痛的!孩子们被要求苦练三个月的铅笔素描后,才被允许画任何他们感兴趣的东西。可想

知己知子

而知，孩子们对画画的兴趣慢慢地烟消云散了，他们的"才能"也不再被提及。

今日的感言是送给你儿子的：

> You will become, whom you believe you are!
> ——无名氏
>
> 你将成为，你所坚信的那个"你"！
> ——雅典娜（翻译）

在此附上两组图片，是我的孩子们小时候的"作品"。

图1　连西画作

19. "天才"就像一块宝玉

图 2 连东画作

20 | 上公立学校还是国际学校？

✉ **提问** 麦博士，我朋友的儿子明年六岁，要上小学了，妈妈很纠结是去公立小学还是国际寄宿学校。读公立小学孩子每天都回家，念寄宿学校孩子只有周末才回来。妈妈平时也很忙，上公立学校孩子也只能中午回家，晚上也要托管到八点才能回家，但说到上寄宿学校呢，孩子说想天天见到妈妈。所以我朋友好难抉择，请教麦博士。

🌳 **回复** 孩子上公立学校好，还是上国际学校好呢？[①] 我觉得这个问题跟孩子本身的个性和家庭的文化环境有关。

公立学校的教育体制对大多数学生来说是适合的。可以适应这种主流体制的孩子们，竞争意识非常强烈，长大了是能够成为优秀人才的。无论在国内还是在国

---

① 以下纯属个人对教育的理解，并没有代表性。

外,他们都能够找到发挥自己潜能的机会。

可是,对于那些特别有天赋的孩子来说,在公立学校的体制下,在芸芸众生中,他们有可能被忽视。因为班级的人数实在太多,老师的透支真的太大,因此没有办法去欣赏、挖掘、鼓励及引导这些特别的孩子们。

另类孩子,是指那些不愿意读书学习的孩子们。我们不得不承认,有些孩子天生就不喜欢读书,那他们是否有权利不去追求主流价值观"唯有读书高"呢?他们是否可以在"读不好书"的情况下,也能被父母接受,受到人们的尊重,并拥有情趣盎然的生活呢?

当然,在我这里,答案是肯定的。

我身边朋友们的子女有一些属于不喜欢在读书方面去竞争的孩子。我一直在观察这些孩子的发展,以及家庭对他们的接受程度。我发现,虽说他们在学业方面不那么突出,然而却在其他方面表现出色。他们注重培养自己的人格,同情社会上的弱势群体,有服务于他人的愿望,并且在体育运动和文艺方面有很多的爱好。更重要的是,他们心目中有一个属于自己的快乐天地。

而且,这些孩子的父母经过了一段内心挣扎之后,还是接受了孩子的这种特殊性,以维护孩子的自尊与培养孩子的快乐为前提,去修正自己的观念。可想而知,这种"接受"与"被接受"的母子关系是多么的其乐融融啊!

当然，你朋友的孩子还很小，可能还看不出他的个性和喜好，如果很早就让孩子偏离主流的教育系统，对孩子和家长来说，是否有点冒险？

一旦偏离公立学校的体制，是否很难回到主流教育的系统当中？

有些人认为孩子们在国际学校①是"放羊"的状态，随意游荡。其实不然，孩子们在自我发展的过程中，个人选择是极其被重视的。比如，他们是否愿意在学业的主科上发展自己？还是注重绘画、艺术、舞台、体育、辩论等方面的选科？

有些孩子在小学喜欢这种爱好，到了中学就喜欢上了另一种，等上了高中可能又有了其他不同的兴趣。当然，这种表面上看起来像"放养"似的教育，事实上是孩子们自我探索的好机会。一个人感觉"自由"了，凡事可以自己选择了，那么他的创作力才能够发挥作用。

我观察到如果父母认同以上的教育理念，或者有留学的经历，那么孩子、家长与学校之间就比较容易配合得默契。诚然，学生、家长与学校，组成了一个三角关系，在理念和文化上要互相融合，教育才能起到正面作用。

相反，如果母亲不那么赞同国际学校的教育理念，

---

① 这里指的是私立学校，而且不是寄宿的。

20. 上公立学校还是国际学校?

并且不得不应付从学校来的英文版的雪片似的各种信件、通告、班主任老师的条子、学科上的认定单等,那将会给母亲造成多么大的压力啊。

更重要的是,孩子长大的过程中所学到的思维方式与文化习惯就有可能与母亲传统的观念及价值观有所不同。

因此,以上的这些方面是你朋友是否愿意送孩子读国际学校的重要考量!

那么送孩子去读寄宿学校是不是一个好的选择呢?对此我有所保留。

从我的观察来看,无论是小的孩子,还是青少年,他们的身心都需要母亲的呵护。送孩子去一个家长很难把控的集体环境,为了想象中的前途与机会,让孩子忍受孤独与挑战,这些对孩子的心理健康是否有太大的风险?

尤其在年龄很小的时候,孩子寄宿在那种封闭的环境里,是否会面临男孩子们之间的暴力、老师的不公平处理,围栏外面的家长是搞不清楚的。孩子只能"适者生存"!无论发生什么事,孩子只能靠身边的朋友来安慰,在他最需要帮助的时候,出现的也只能是朋友。久而久之,他就会觉得母亲在他生命中其实并没有那么重要,他更不需要母亲的教诲了。

据说,英国皇家血统的孩子有读寄宿学校的传统,结果就是孩子们跟父母的关系非常疏远。

看样子,你朋友这位上班族的妈妈对于是否送孩子上寄宿这件事情感到纠结,这说明她非常地爱孩子。

假设儿子不去寄宿学校,假设母亲每天只能陪伴儿子短短几个小时,那也是非常宝贵的相处!母亲虽然辛苦,却很值得。至少母亲的内心是安稳的,没有内疚感的。看着儿子日新月异的变化,母亲会认识到每日艰辛的意义所在!

正像你所形容的,儿子的要求并不高,那就是能够"天天见到妈妈"!

对孩子来说,每天晚上能见到妈妈,哪怕只是一小会儿,这是一种多么惬意的盼望啊!这就足够支撑孩子很有信心地去应对来自外界的各种挑战!

出于客观原因,母亲觉得自己能够陪伴孩子的时间量(Quantity time)不足的话,那么也可以注重一下有质量的陪伴时间(Quality time)①。

比如,接他放学回家,哪怕只是十五分钟的路途,母子两个就可以好好地利用这个独处的机会。在这个"特别时刻"里,母亲讲讲孩子小时候的趣事,或是妈妈小时

---

① 有关 Quantity time 和 Quality time,我们在其他场景下再谈。

20. 上公立学校还是国际学校?

候的故事,当然也可以跟儿子闲聊他那天在学校的种种。

今日感言:

> 伟大的母亲啊,你的日复一日,你的披星戴月,你的奔波忙碌,你的呵护备至,都将深深地烙印于孩儿幼小的心灵中。
>
> ——雅典娜
>
> 妈妈,你在哪儿,哪儿就是最快乐的地方!
>
> ——无名氏

21 | 体能与自驱力

✉ **提问** 儿子和我们反映说上体育课的时候,同学们不愿意和他一组,上游泳课的时候,同学嘲笑他姿势难看。是不是因为他自卑?他是个非常敏感和没有安全感的人。

学校里老师们都挺好的,对他也很照顾,他有时候离开位置,只要不打扰同学,老师好像也没有制止他。但是毕竟是上课,如果不能安心听课,接下来的课程学习会非常困难。

最后一点,"毫不犹豫站在孩子的一方"这一点,我做得非常不到位,老师的话触动了我,至少有两次,儿子回家和我抱怨:"今天老师冤枉我了。"我都是选择相信老师,但是事后通过老师的短信解释和询问,确实是老师冤枉了他,他曾说过:"你是我的妈妈呀,你都不相信我!"

🌳 **回复** 我今天早上听了一个节目,讲的是华大基因的用人原则是把员工的体能测评计入职业发展、调薪、年底评优的考核,并重点考察。他们相信一个员工的体能素质强了,自驱力也就增强了。

你的儿子,是个四年级(十岁)的孩子,目前正是锻炼体能的好时机。无论这个孩子是否有天生的运动才能,他是一定可以通过各项体能训练(尤其是户外锻炼)提高身体素质的。如果从小没有运动的习惯,他可能身体的协调性会不太好,正如你形容的那样,"同学嘲笑他姿势难看"。

每一个孩子都有体育的强项与弱项,他可能不喜欢游泳,那就尝试其他运动项目,比如跑步、攀爬、球类。请注意,母亲建议孩子选择一种他可以挑战自己的运动项目,例如刚才提到的跑步与攀爬。但是,也要鼓励孩子选一两项集体竞技项目,比如踢足球、打篮球。孩子在集体项目中一定可以学到怎样与队友合作,One body, One mind! 大家齐心协力地参与竞赛,无论成绩如何,孩子们都有一种为集体争取荣耀的体验,可以学到牺牲小我,是为了得到集体的大我。总之,学习如何做一个好的 Team player(为团队贡献的一分子)的经历是十分宝贵的,中学时期参加球队的美好回忆将令他受益终生!

我又忍不住"晒"我们小儿子连东在高中时期的趣事了。

连东知道自己在运动方面是有一定天赋的,可是并不具有超常的天赋,所以他选择了一项400米跨栏的项目挑战自我。他坚信,只要有一定的速度、一定的技巧及一定的自信心,400米跨栏的竞技水平是可以练出来的。

那段时期,他放学后就拿着学校借来的三个跨栏,到一块空荡的草地上开始练习。有时候,他请我帮他喊"开始",帮他掐时间、数步子……刚开始时只见跨栏一个一个地倒下,然而他计算要跨出去的高度、控制呼吸、协调步子……终于在高中的最后一年,在菲律宾举办的亚洲区国际学校的田径赛上,连东获得了400米跨栏的冠军![1]

事后,他的田径教练把这当成了自己教练生涯中的一桩"成功"故事,他在颁奖台上说:"有一天,连东来问我:'教练,您说我选择什么田径项目是可以通过自身努力而获得成功的呢?'"

其实,一个孩子的安全感,有一半是后天环境造成的。作为有爱心的母亲,我们只需要提供一个环境与机会,帮助孩子设定自己的目标,并鼓励他尽可能在既定时期内去达成。请注意,母亲在此只是"提供""帮助"与"鼓励"而已,却不是替孩子"设定""监管"与"评价"。

---

[1] 同一届比赛中,连东也获得了200米跨栏的季军。

21. 体能与自驱力

更重要的是,要让孩子发掘自己的特长①,在这个过程中,如果孩子在母亲面前总是被肯定的,他的安全感就会增强。

再有,我们千万别怕自己的孩子会"自以为是"。因为,"自以为是"总比"自以为什么都不是"要容易"修理"得多呢!将来,他们在社会实践中就会慢慢地自我评价、自我调整。大人们最好不要开玩笑地怀疑他的"自以为是"。在他的心目中,"你是我妈妈,你就要相信我"!

一个比较敏感的孩子,将有更大的余地跟自己的父母、跟周边的人搞好关系,在事业上也会比较有使命感,在社会上也会更有博爱之心。我们要小心地呵护他,去保留上苍赋予他的这些极好的品质。

今日名言:

> It is not our job to toughen our children up to face a cruel and heartless world. It is our job to raise children who will make the world a little less cruel and heartless.
>
> ——L.r. Knost

---

① 特长:在这里是指孩子自己认为他的优势在哪里,不一定是母亲觉得他有何优势。

知己知子

> 我们的任务不是去教导孩子怎样去面对这个残酷不仁的世界,而是教导他们如何把这个世界变得不那么冷漠与无情。
>
> ——雅典娜(翻译)

22 写作的困难

✉ **提问** 我家孩子八岁多,读三年级,一直在写作文这件事上有障碍,其实他不是不会,他可以讲得头头是道,但是没办法动笔,他说要把脑子里的东西变成文字写下来,他脑子就全乱码了。每次都是我让他先口述,然后我引导他找结构—细化结构—丰富语言,这样他就能完成。但久而久之他形成依赖心理了,只要我不在,他就一个字都不写,不管谁逼他都没用,就是不写。我现在感觉放手也不是,不放手也不是。

🌳 **回复** 谢谢你细致的提问,便于我们察觉问题的所在。

上天赋予每个孩子的才能是不同的,有些口才好的,未必就能够写作,反之,写作好的又未必能够"讲得头头是道"。

你这位有爱心的母亲,还是蛮了解自己儿子的。

其实,"阅读""思维"与"手写"是个三项全能的活儿。

知己知子

我们是否想过,这三项在孩子成长的过程中,有可能不那么均衡地发展着。他口才好,就帮他找机会在学校多参加演讲,在家里多听他讲故事,即使大家都用极大的兴趣来听他胡说八道也成。重要的是,当他觉得自己在口才上得到了大家的认同,被肯定了,被满足了,有一天他会领悟到写作也是重要的。

现在我们假设,孩子抗拒写作是认知与技巧出了问题,那我们就试试看以下的建议是否对他有所帮助。

1. 妈妈可以给孩子写纸条,口气温和地告诉他在当天应该完成的事情,如果做到了,奖励是什么?你把不同内容的条子贴在他的床头、刷牙的地方、冰箱门上等。内容一定要有创意、轻松,开个玩笑什么的。要在文字中尽可能地加上小人物的脸或有趣的小画来吸引他。

2. 看他是否也用写条子的方式回复你?无论他写得如何,你就使劲地表扬他,甚至于"夸张"地赞美他。毕竟他才八岁,任何赞美的词汇都不会过分。他有了写东西的兴趣(任何东西)你的目标就达成了。

3. 妈妈在孩子特殊的日子里给孩子写一封信,讲你看到了他的进步,或者你回忆起他小时候的趣事……令他感受到,书写不但起到了沟通的作用,它更能表达个人美好的感受。

22. 写作的困难

写作并不是挤牙膏，你使劲了，它就出来了。写作是心中有感而发，是情绪宣泄的结果。当自己有愿望把所思所想记录下来，或乐意分享给别人时，他才可以下笔写出好东西。因此正像你所说的，"不管谁逼他都没用"！那就不要去逼迫他吧！任何来自外界的逼迫不但令孩子的脑洞关闭，被"挤压"出来的东西也将空洞无味。

4. 让孩子从小就感到选择的自由。在小的事情上，即使孩子选择错了，也无需大惊小怪。这些"小错"不是正在为将来的"选择正确"积累着经验吗？①

现在，我们来看下一个问题："他说要把脑子里的东西变成文字写下来，他脑子就全乱码了"。你对儿子的形容让我想起一件事。

我的孩子有一位中学的朋友，她经常在学校的舞台上拿着话筒主持节目，表情坦然，通常手里拿着一张带有符号的小纸条，还时不时地望上一眼，口才好得不得了，人看起来也落落大方。可是，了解她的人都知道，她患有阅读障碍（Dyslexia），意思是说她的口述可以表达她的心声，但是她却不能通过阅读来理解问题，因为当她看到文字的时候，她的脑子就全乱码了。

因此，学校有一项特殊规定，允许这样的学生考试

---

① 请参考《孩子的作业，试试放手？》《"喷水池"故事的启发》。

的时候用电脑来听问题,然后口述录音来回答问题。学校也允许她慢慢地把答案通过键盘敲到电脑上,只是因为她没有办法用手写的方式来表达自己的思维。

那个孩子在各个方面都相当地努力,并且她知道如何利用优势去发展自己。多年后证明,她在社会上是成功的,生活上也很幸福。

有趣的是,人们发现,她所到之处,她身边的人都对她有无限的耐心,并心甘情愿地提供给她各种额外的机会,她的"缺陷"反而令她比旁人容易得到更多的关注与"大爱"。

在此建议你观察一下,是否要带儿子去看医生,做一些测试。

如果发现孩子有特殊的需求,在他年纪还小的时候,只要能找到孩子的思维与书写之间的那个"节点",通过一些训练,孩子的状况就比较容易得到改善。

我们要多鼓励孩子发挥潜在的才能,同时也理解或承认孩子的弱点,并极力地维护他的自尊心,那么孩子长大后才比较容易拥有幸福感。

其实,我们每个人都有这样那样的"短板"或"缺陷",母亲请不要要求孩子去做力所不能及之事,即不要触动孩子的短板,以维护他的自尊!

孩子的内心强大了,底气十足了,将来在社会上发展自己的时候就知道如何举重若轻、取长补短了。比如,他可以发展他销售方面的才能,那就不太需要文字上的考究。只要有自己的秘书在文字上辅助一下,他就能够叱咤风云。

今日名言:

> 只有自由了才获得幸福。自由的根本就是有选择的权利。
>
> ——无名氏

23 | 半夜孩子找妈妈

✉ **提问** 我有一对八岁双胞胎女儿,孩子六岁读小学以后,我们搬到了离学校比较近的房子,孩子和从小带她们长大的住家阿姨住在二层(房间门对门),我们住在三层,两个女儿共用一间卧室,两张小床,中间一个床头柜。搬家之前,双胞胎小姐妹常常来我们卧室找妈妈一起睡(尤其是小姐姐),读小学以后,我们约定好,姐姐和妹妹都长大了,要住自己的房间,睡自己的小床,和爸爸妈妈一起睡太挤了,大家都睡不好,对妹妹也不公平。孩子都认同,也很喜欢自己的新房间。

妹妹在这个过程里很顺利,基本都能自己入睡,家庭旅行或者阿姨休假的时候我们一起睡,妹妹也觉得特别开心。姐姐就不同了,隔三岔五半夜三更的就会抱着枕头上楼来找妈妈,我一开始觉得刚搬到新家孩子需要适应,会妥协,白天的时候再跟孩子协商要自己睡。好话歹话说尽,每次她看我真的生气了,会独立睡几天,过一阵子又不行了。最近我们约定好每周末可以和爸爸妈

23. 半夜孩子找妈妈

妈睡一次,答应得好好的,到了半夜醒来姐姐还是拖着枕头要找妈妈。姐姐是一个特别懂事的孩子,平时在老师、家人眼里样样优秀。我很苦恼,想不通她为什么这么缠妈妈!也不知道该怎么妥善处理这件事。

回复 半夜孩子不喜欢自己睡,可能是孩子在睡眠过程中做的梦令她十分害怕。由于她心里不踏实,所以就拼了命地要跟大人一起睡。无论你白天跟她讲好了什么条件,孩子在午夜梦回之时,头脑意识未必十分清醒,所以白天的乖巧到了半夜就烟消云散了。

通常这样的孩子比较怕黑,怕打雷,怕自己独处。可能你的老大就是这类孩子。这也没有什么不好,天生的特质令她喜欢跟他人在一起。

其实,喜欢依赖他人,这并不是缺点,毕竟"小鸟依人"是幸福的!

那么晚上,妈妈要平抚女儿的心,安抚她的怕,帮助她做好睡前准备。①

不妨试试:

1. 在女儿睡觉之前,妈妈讲一些有趣的小故事,让她有一些美好的幻想,带着它甜甜地入睡。或者在她房

---

① 请参考《儿童与父母分房的好处!》。

间安放一个监听器,让她知道一有动静,大人会第一时间来到她的房间探视。

2. 如果有住家阿姨,也可以让她帮忙监听。好处是,女儿通常不太依赖阿姨的陪伴,所以醒来又入睡就比较容易。

3. 你可以告诉女儿如果一整晚她都没来打扰妈妈的睡眠,妈妈就要奖励她!比如在饭桌墙上的小白板上给她挂一个小星星,积攒多了就可以获得奖励。

4. 创造一个让女儿感到心情舒适的环境,比如让女儿抱着自己最喜欢的、软软的熊娃娃,或有特殊意义的小毯子,问她是否要开一盏很暗的小灯①,最后可别忘了那个具有魔力的"妈妈的亲吻"。

5. 睡前就要轻言细语地、坚定不移地告诉孩子,她半夜来妈妈的房间会影响大人的睡眠,那是妈妈很难接受的。

6. 如果半夜孩子又来敲门了,你就把事先准备好的床垫子放在地上,先让她跟你在同一个房间睡上一小会儿,等她睡着了,就又把她抱回她自己的房间。请注意,这个时候切记不要抱着她在同一张床上睡了,也不要在

---

① 不要开大灯,因为孩子需要休息视力。有调查显示,开灯睡觉的孩子比较容易近视。

半夜里训斥孩子,或抱怨她的"不听话",因为那时的她,头脑是不清醒的。

7. 也可以试试在她睡觉之前和睡眠的过程中播放一些舒缓的曲子,但背景音乐的音量要轻,曲调要柔。比如,可以选择听中国传统的、古典音乐的、悠扬类的曲子①,抑或选择听一些西方的、专门为儿童编写的睡眠曲,比如莫扎特睡眠曲、管弦交响曲等。

以前,当我们的孩子睡觉的时候,我就放儿童的钢琴曲或小提琴曲给他们听,并计算好时间,觉得他们差不多睡熟了,音乐就会自动停止。

8. 我们知道莫扎特的曲子是非常有组合程序的,它的韵律极规范,孩子即将入睡时,她会跟着音乐的节奏下意识地数节拍。而且她睡着之后,大脑实际上还在继续工作着……因此,最好从婴儿起就给小孩子多听音乐,因为那是开发智力、一劳永逸的好事!

顺便八卦一下,据说小孩子听多了莫扎特的音乐,他们的数学相对都比较好。因为,音乐与数学在大脑的系统中有许多关联。比如,音乐家在谱写乐谱每一个小节内的某个分音符号时跟求数学公分母的过程很相似。

这么一说,我们的孩子小的时候就是听着莫扎特的

---

① 请不要听《梁祝》这类悲伤的曲子。

音乐睡觉的,巧之,他们的数学能力确实都很棒,这难不成也是一个"佐证"?

今日名言:

> 这个世界是由音乐的音符组成的,也是由数学公式组成。音符加数学公式,就是真正完整的世界。
> ——爱因斯坦

24 "喷水池故事"的启发

有关"自由选择"与"承担所选择的后果"的讨论,让我想起了一则亲身经历的小故事。

在连东大概六岁半、连西五岁左右的时候,我带着他们俩参加了一个"娃娃圈"(play-group),是妈妈们自己组织的。

通常人们会选择跟自己孩子年龄相仿、文化背景相近的家庭交往。孩子们喜欢玩在一块儿,妈妈们能够聊到一起,互相取经,互相借鉴,同时,下意识地互相攀比。

一个初秋的傍晚,我们约好了一起到山顶①的喷水池广场会面,然后去山顶的环山小径走一圈。

夕阳中,我沿着盘山道一路兜风上了山顶。通常那个时间段,大部分的游客都已经下山了。等我到了停车场却发现停车位是满满的。

---

① 香港的太平山顶,是一个著名的旅游景点。晚上有路灯,人们可以在山间小路环游,欣赏香港灯火辉煌的都市夜景。

我们坐电梯直达广场中心,一出来就看见很多人围在山顶广场的喷水池那里。原来,喷水池广场在举办活动,利用喷水池的灯光和音乐招揽了很多平时不大来山顶的人们。喷水池喷出的水是根据音乐的节奏而变化的,只见喷出的水柱忽高忽低、忽长忽短,人们的喝彩声也此起彼伏。

我看了一眼孩子们,发现他们的目光充满了好奇与喜悦,很快地,他们就被广场的气氛感染了,情绪也高涨了起来。这时,"娃娃圈"里有些孩子们冲了出去,看准了音乐的间歇空档,尽情地跳跃着、闪躲着、尖叫着,来躲避喷水柱的突然倾泻。

我的连东和连西看了妈妈一眼,好像是在问:"我们也可以去玩吗?"我下意识地耸了耸肩,意思是说:"Why not?"(为什么不呢?)

还没等我反应过来,他们两个就已经钻进了水柱,开始了与音乐对决的跳跃和闪躲了……那种玩法就是:电子的水柱配乐有一定的规律,你要仔细地听音乐的旋律,并猜下一个节奏会是怎样的,如果猜对了,你就可以预料到水柱喷射的方向和方式。

当时我在想,我的两个小家伙迟早会被没头没脑的水柱冲个透心凉。

就在那时,我听到"娃娃圈"的一位妈妈正在严厉地

24. "喷水池故事"的启发

警告自己的两个孩子："你们绝对不可以去玩水,难道你们忘了上次感冒的原因了吗?太阳快下山了,天气就要转凉了,我们还要跟朋友们去山间小径游历一圈。如果你们不听话,我们现在就马上回家。"

听到那位妈妈的一番话,我很惊讶,也很想知道她的孩子到底会不会乖乖地杵在那里,看着别的孩子尽情地玩耍而无动于衷。

那时,我又听到了另外几个妈妈跟自己孩子的对话:"你们再玩个五分钟就要出来,我们要去车里把湿了的衣服换下来,然后吃点零食。"

果然,那些孩子们真的五分钟后就跑出来了,然后跟着妈妈换衣服去了。

我这才恍然大悟,我可忘了在车里备上孩子们要换的衣服。于是,我麻烦群里的妈妈帮我看着孩子,快速地去山顶的商场给两个孩子买了衣服。

话说,那位试图严格控制孩子的妈妈真的做到了,她的两个孩子一直乖乖的。可惜那晚他们只是观赏者,而不是参与者。结果嘛,整个晚上,他们满脸的委屈,低着头、塌着肩、闷闷不乐地跟着走……虽然他们身上的衣服是干干的,然而眼睛却是湿湿的。

深秋的太平山夜晚,山间的小径灯光点点,孩子们蹦蹦跳跳地在前面跑着,妈妈们说说笑笑地在后面跟着，我却观察着孩子们的一言一行：母亲喜欢在众人面前耍威风的，她们的孩子在遇到突发事件时就显得踌躇不前；相反，那些在公众场合总是被妈妈夸奖的孩子做起事情来，就显得信心十足。

我们来看看这个故事所带来的启发吧。

1. 让孩子们冲进喷水池尽情玩耍的妈妈们，尊重了孩子"选择去玩水"，后果是孩子也有可能会着凉、会感冒。然而即时的效果是孩子们得到了快乐！

2. 不让孩子们去玩水的妈妈获得的结果是：妈妈在朋友们面前维护了自尊，显示了她的孩子是完全听从她的。然而，即时效果是孩子们被迫只能做看客，整晚都闷闷不乐。

3. 我让孩子们自己决定是否要去冲水柱，后果是一定会被淋湿；我只得去买两套相当贵的衣服。然而，即时效果与传达的信息是：妈妈将不遗余力地寻找机会让孩子们在任何情况下都能尽情地玩耍！

今日感言：

> 你可以自由地去选择，但是你要承担所选之后果！
>
> ——雅典娜

25 左手写字要纠正吗？

✉ **提问** 麦博士，您好！我有一个八岁的小男孩，他自出生起就是一个左撇子，吃饭、画画、写字都是用左手，一直以来孩子爸爸强调孩子必须用右手写字，作为孩子妈妈的我非常纠结，是与孩子爸爸同一阵线逼孩子用右手写字？还是顺应自然规律，尊重孩子，让他用左手写字？这一问题已经困扰我们家三年了，作为母亲的我应该怎样做才合适？烦请您指点，非常感谢您。

🌳 **回复** 孩子的哪一只手（或哪一只脚）是处于主导地位，愿意用左手还是右手做事情，其实在娘胎时就已经被确定了。"左撇子"这个词听起来有点刺耳，是从古至今人们的偏见造成的。毕竟，世界上只有大约11％的人是用左手来做事情的，这就是为什么日常生活中，无论我们到商场去买剪刀，还是运动器材，适合左撇子的东西相对来说确实比较少，当然大约

89%以右手为主导的人在生活方面就占有便利的优势了。

根据统计,中国有近八千万人是左撇子[1],但却没有数字显示有多少中国人是用左手来写字的,因为这种现象真的是"凤毛麟角"!

我们说,"孩子用左手写字",这本身并没有不正常,问题是我们所处的文化里,大部分人是不可以接受左手写字的。

在其他国家,尤其是写罗马字母的国家中,人们用左手写字再正常不过了。拿破仑、达·芬奇、居里夫人、奥巴马,以及微软公司联合创始人比尔·盖茨等名人都是用左手写字的。至今还没听说任何人对此有任何大惊小怪的评论。

那么用左手写中文字是否在实际操作上有困难?答案:不完全是。

中国古代的书写习惯是从上至下、从右至左的,用左手拿毛笔写书法反而更有优势。你想想看,你的左手是碰不到墨汁的。

然而按照现代人的书写习惯,左撇子就没有优势了。当前,我们是从左往右书写的,所以左手有可能会

---

[1] https://m.thepaper.cn/baijiahao_8706418.

25. 左手写字要纠正吗？

把还没有干的钢笔水抹模糊了，或者把铅笔的铅弄花了。

最糟的是，现代人用左手写字，无法一目了然地看到自己刚刚写好的内容。

以上这些是否就是老师和家长一直态度强烈地规定孩子不能用左手写字的原因呢？

话又说回来，写字归写字，它只是表达思维和情感的一种工具。但从培养孩子的思维与创造力的角度来说，本人并不主张强迫孩子改用右手写字。因为左撇子的右脑神经纤维要比其左脑高出大约11％。意思是，孩子右脑做事情的反应要比左脑快得多，甚至于其感觉、知觉和抽象思维的深度与广度要比在人群中占多数的右撇子们强得多呢。也就是说，在空间设计与艺术创新方面，左撇子具有优势。因此，人为地去训练孩子改成右撇子，就好像把其强项收藏了起来，却启用其弱项去面对世界。

我们说来说去还是解决不了一个明显的问题，那就是在文化层面上，大部分人对左撇子写字这件事难以接受。

在学校里，老师第一时间要纠正左手写字的学生。在社会上，如果哪个小朋友用了左手写字，他会遭到众人负面的评论："你这孩子，怎么会用左手写字呢？"（暗示

"你有点不太对劲儿"。）

然而，一件事情在理论上的"对"与"错"并不能决定在实际生活中，什么是对孩子最有利的。

在你们的家庭文化中，父母是否可以接受孩子与生俱来是左撇子，并由着他呢？还是认为孩子不应该搞特殊，而要随大流呢？这两种决定本身并没有"对"与"错"，它取决于家长对此事的理念与态度。

我建议，家长应该看看孩子的本质特性。如果孩子是特立独行的，那可以考虑不要去纠正他。也许孩子喜欢在众目睽睽之下，用左手签名而显示不同。

相反，如果孩子是腼腆的，不大喜欢与众不同，或者说不太喜欢引人注目，那就得跟他讲清楚左手写字的利与弊，然后帮助他自愿地去改正。

目前父亲对儿子左手写字这件事就是接受不了，在此情况下，要尊重父亲的感受。一个家庭里，妻子在丈夫还不能理解的情况下，在没有伤害到孩子的前提下，做一些让步与妥协是十分必要的。毕竟，孩子用左手写字或右手写字，这本身并不是什么原则问题。

我们都要注重一个原则，那就是：家庭和谐是一切之本！

25. 左手写字要纠正吗?

今日感言:

左撇子的人不会认为自己是不幸的,除非他被迫改成右撇子!

——雅典娜

26 | 爱说脏话，怎么办？

✉ **提问** 麦博士您好，我家儿子八岁，近一个阶段，我发现他特别爱说脏话，最近他的确会上网看一些短视频。我听到他说脏话的时候，会要求他重说一次，他就会换个词。感觉孩子很容易随口说出一些非常不礼貌的话。孩子现在跟我一起生活，我基本不会说脏话，所以，我很奇怪，这是哪里学来的？怎么调整这个部分？谢谢指引。

🌳 **回复** 从你的描述来看，孩子讲粗口有可能是在网上学到的。感谢你给孩子做了好的榜样，不说脏话。而且，你很在意孩子不要出言不逊，这是妈妈的明智！

当孩子喜欢讲粗话时，不外乎有几种情况：

1. 他想宣泄一下自己的负面情绪，像电影里看到的大人们那样。

2. 他发现父母对他讲粗口的反应很强烈，那就是他想要的效果——吸引注意力！

3. 在社交场合，挺"酷"的朋友们也讲粗鲁的话，他也想随声附和。

那么大人如何回应呢?

1. 父母不要耻笑或斥责孩子讲粗话,却要保持冷静。用坚定的语气表示你不可以接受粗俗的言语。同时跟孩子商量一下什么样的句子是可以接受的。还有一个不错的选择,那就是双方可以规定一个暗号,当孩子快要讲粗话,或者不小心讲了一两句时,家长可以开玩笑说:"要细的,不要粗的!"

2. 讲粗话有时候会伤及别人,也会给自己带来不好的印象。比如电视上经常听到口头禅"Oh, My G.O.D"。殊不知,这句话对大多数基督徒来说,是对信仰的具有攻击性的挑衅。

其实,八岁孩子分辨好坏的能力很弱,但是其模仿的能力却很强。当然,互联网本身并无好坏,只要我们善加利用,孩子可以学习到很多知识。

因此,在家中,孩子的监护人要掌控孩子上网的目的、所看的内容、要浏览多久等,并切忌让孩子自己关在房间里上网。最好把家里的电脑放在饭厅、客厅或开放式的办公室等公众场所,以便家人随时监督孩子上网的信息。我们以前在其他文章中谈过上网看黄色片子的严重后果。

有时候你会发现,儿童电视节目的内容和间歇的广告也可能是庸俗、无聊、低级趣味的。我记得很多年前,有一部儿童动画片,其中那个小学生模样的男孩,总是喜欢在上扶手梯时偷看女人的内裤,或讲些谎话跟妈妈周旋。那部儿童片当时是很流行的,但是我却避免让我们的孩子接触到那些在意识上、情感上低俗的片子。

让孩子看单纯、健康的东西是十分重要的。在此建议你预先筛选一些好的儿童电影、有意义的卡通片及有趣味性的节目,然后跟孩子一起欣赏那些优秀的艺术,以培养健康的情趣。

总之,母亲根据自家的文化和价值观来设定什么是有意义的片子,然后拿出来全家共同欣赏,由此,大人和孩子聊电影、谈艺术的共同话题就广泛得多了。

我们孩子小的时候,喜欢自己在一大堆(已经被我筛选了的)碟片中挑选他们感兴趣的,其中有迪士尼的卡通、黑白的老电影、传统的搞笑节目,或者是励志的纪录片等。

有一次,我们四岁的小儿子连东去朋友家参加生日会,小朋友们都一起观看米老鼠和唐老鸭的电视节目。

当他们看到最精彩的地方,大家都觉得还没看够,于是连东就提议说:"请回放,再看一遍吧!"

其他小朋友都笑着说:"那是电视节目,是没有回放的。"

他回到家中跟我们提起,那时我才想起来,原来我还没来得及跟他们讲看录像与看电视节目的区别呢。

想要培养孩子善良的心地,母亲就得打起十二分精神让孩子接触世界上美好的事物。避免让孩子过早接触世间丑恶的一面,而是提供对他们身心有益的东西。如果他内心的善良积攒多了,长大以后若是遇到世间的丑陋与炎凉,亦不至于失去本性。

今日感言:

> 一个伟大的母亲不是在培养孩子适应人世间的陋习,而是在培养他如何尽自己的一份力量令这个世界变得更加美好!
>
> ——雅典娜

27 | 手中之书，心中之梦
——谈阅读的快乐！

✉ **提问** 想请教您一个关于孩子阅读引导的问题。我家有一对双胞胎女儿，今年八岁，孩子出生以后我就一直给她们读各类绘本，在整个成长的过程里，绘本和书籍也一直陪伴在她们周围（书房、卧室、客厅……），从小时候的亲子共读，到上小学以后的自主阅读。

这两个孩子的特点是：妹妹经常拿一本书看很久，她喜欢的书，每一页、每个图画都要仔细端详，经常投入到忘记吃饭、刷牙、睡觉，我们常常要把她从书里"拽出来"。书本里的细节她会记得很清楚，包括某一个画面上的人盖的什么图案的毯子，手里拿着什么颜色的杯子，等等。

而姐姐属于情感比较细腻的孩子，她更喜欢和家人聊天说话，观察大人的言行举止、表情变化，也很爱操心，家人和同学都觉得她是个很贴心、很有爱的小朋友，她每次看书的时间不会很长，常常一本一本地来回换，感觉没有太多耐心放在书本上。

27. 手中之书，心中之梦

前两天我和语文老师做一对一沟通的时候，老师提到小学三年级应重点发展孩子的写作能力，她发现妹妹的词汇量大，语言丰富，姐姐的写作能力相对较弱，文章语句不太通顺，错字也比较多，老师建议我回家强化姐姐的阅读能力。

想请教您的是：在读书引导和图书提供方面，我提供给两个孩子的条件是相似的，现在会有这样的差异，应该是孩子不同的性格造就的，我该如何更好地去引导孩子们扩大阅读量、享受阅读的过程呢？期待您赐教！感谢！

回复 从你细致的形容中，我能看到你有意识地给孩子们提供了各种阅读机会。你把书放在客厅、书房、卧室等随处可见的地方，让孩子们随手可取。这说明你真是个聪明的妈妈，能够让孩子们随意地、自然地、下意识地拿起一本书来翻看。

手中有书，心中就有梦，有梦想的童年是幸福的！

像你所形容的，虽然你给一对双胞胎女儿提供一样的学习环境，你发现她们对阅读的兴趣和写作能力却不相同。

这也并不奇怪，因为上天安排不同性格的孩子给母亲带来不同的乐趣以及不同的挑战。试想，如果孩子们的性情都是一刀切似的，那我们的生活是多么的索然无味？

你的一个女儿能记得住书中什么人盖的什么毯子，手中拿着什么颜色的杯子，那你的这个女儿有可能属于"视觉学习者"（Visual learner），即看到书中的文字，就在脑中浮现出清晰的图像和画面，像一个打印机一样，过目不忘。这样的孩子长大了喜欢做笔记、画表格，比较喜欢做与文件有关的工作，并乐在其中。

另一个女儿却喜欢察言观色，她有可能属于"听觉学习者"（Auditory learner）。这种类型的孩子外语的听说能力会很强，与人沟通的技巧也与生俱来。她长大了也许会喜欢做一些与人打交道的工作，并如鱼得水。

无论如何，孩子们能够阅读不同的书籍总是好的。但是我们要明白一点，阅读的目的是为了培养孩子们的想象力、创造力及独立思考的能力。如果家长同意这一点的话，就要顺势而为，按照符合两个孩子特性的方式去培养她们在阅读方面的兴趣。

爱读书本的，就让她沉醉于书海中，尽情地去享受天马行空的自由想象吧！当她沉浸于某种读书乐趣的时刻，大人也不必去打扰她，要求她做一些刷牙、洗脸之类的琐事。好的写作需要情绪的培养、想象的空间和自由的意志……母亲并非永远知道何时就是那种黄金般

27. 手中之书,心中之梦

宝贵的、孩子要迸发的最佳创作时刻!

另一个不太爱看书的女儿,却喜欢听大人讲故事,并且能在声情并茂的朗诵中捕捉到想象的快乐!你可以赞扬她对别人有兴趣,特别是对观察别人有兴趣。其实,这种很擅长聆听别人、从他人身上学东西的孩子将来是比较容易获得成功的。毕竟,与人打交道是件难事。

对于听觉敏感的女儿,你不妨试试让她多听一些录音故事,或给她讲故事听,甚至于鼓励她讲故事给大人们听。

既然我们知道阅读的目的是培养孩子的想象力和创造力,那么写作只是表达思维的一种方式。在成长的过程中,八岁孩子思维的速度和广度总是不能全部地用语言表达出来的。至于写字是否工整,错字是否太多,那些都是在表达思维过程中属于"工具"类的副产品,所以母亲不要让它们成为挡住孩子自由想象的绊脚石。

在听、说、读、写的能力方面,每一个孩子的发育不一定是均衡的。老师的一句"要强化"就得让孩子们"功利性"地去看什么书,去做很枯燥的作文,久而久之,在被迫阅读的状态下,孩子很难感觉到想象的快乐。

不论你的孩子是视觉学习者,还是听觉学习者,最重要的是母亲要顺从她们的天性、尊重她们的意愿,鼓励她们细细地品味自己喜爱的书籍。

家长的任务就是帮助子女在书中找到快乐,在阅读中体会美妙!

今日名言:

> A Child who reads, will be an adult who thinks.
>
> 一个爱读书的孩子,长大了就是一个会思考的人!
>
> ——雅典娜(翻译)

28 母亲应该是严厉的教师吗？

✉ **提问** 我家女娃今年刚上小学一年级，在学校很听老师的话，表现也很好，但是回到家就不听话。我教她写作业的时候她就总是说不会，其实我感觉她是会的。多教她几遍，她就开始发脾气了，扔笔、撕东西，脾气更差时扔凳子。忍无可忍的时候我就会大声说她几句，她哭得厉害了我就让她站门外反省。等她冷静下来再谈，事后再问她，她会自我反省，知道错了就会道歉。但是每个星期总来这么几天，脾气好的都被折磨得有脾气了。我一直都尽量轻声细语地同她对话，但她遇到挫折困难就会发脾气，鼓励了她尽力而为，但依旧发脾气。有时候我真的会崩溃，所以请教您怎么处理会比较好一些，感谢。

🌳 **回复** 六七岁的孩子能够在学校里控制住自己的情绪，能在老师和同学面前表现得很妥当，这说明她的自控力还是不错的，按道理来说她应该没有太大的情绪问题。但是，她在家里撕东西、扔笔和扔凳子等行为着实让人担忧。

我也相信这不是大人在她面前发脾气时的行为,所以你不妨多留意一下这种行为的出处。

在孩子生气的时候,大人不应该接受孩子摔杯子、剪窗帘,或出言不逊,却可以鼓励她做一些正面的、有利情绪舒缓的方法来削减"愤怒"。比如,让她迅速离开那个令她发脾气的环境,带她出去散散步、跑一跑,通过做些运动来舒缓自己的情绪。也可以考虑让孩子去学拳打沙袋、跆拳道、街舞等项目,那些运动能预防或舒缓他情绪爆发时的不知所措。女孩子嘛,也可试试去学声乐、跳嘻哈舞、打篮球等,让心中的焦虑与恐慌找到一个出处。

另一个即时的办法就是大人马上转换话题,轻松地开一个玩笑,逗她几句,让她找一个台阶下来,那也许就能避开那个情绪暴躁的"诱发点"了。

请注意,大人不应该被孩子无理取闹的负面情绪所搅动,要以"你有千条妙计,我却有一定之规"的心态来把控局势。

看起来,好像你监督孩子做功课时才容易和孩子产生矛盾?家长要努力地去"知子",即了解孩子在体力上、在情绪上的忍耐限度?

试想,孩子刚刚放学,"装"好学生都已经一整天了,

28. 母亲应该是严厉的教师吗？

回家还得在功课上做得完美来讨父母的欢心？于是，她便"不听话"或者用"故意不会"来抗议，乃至于用破坏性的行为来发泄了。

不如试试看：

1. 放学回家，先跟她聊聊当天在学校里的趣事，让她有机会抒发自己心中的感想。最好是先让她玩玩她喜欢的运动或游戏①，然后母女两个再商量什么时候做作业。

2. 要信任她自己可以独立完成作业，所以别在旁边看着她。即使功课做得再差，只要是她自己完成的，那就一定要多加鼓励。

3. 如果她在规定时间内做完了，要稍稍奖励她一下，比如，温柔地递给她喜欢的小吃。

4. 女儿在学校一整天了，她已经自控得累极了，所以，母亲千万不要在家里还充当另一位"严厉的教师"。

今日格言：

> 一位好母亲，抵得上一百个教师！
> ——乔治·赫伯

---

① 运动游戏有很多种，跳绳、踢毽子、拍皮球、藏猫猫等，请别玩电子游戏。

29 | 对多动症的理解

✉ **提问**　老师,想请教一下:小朋友在校多动并且故意干扰同学上课,逆反心理较重,老师说话不听,脾气暴躁。小朋友读二年级,目前还出现摸班里女生胸部的问题。他的一些逆反行为,以及主动出手打人的行为造成学校同学都不喜欢他。像这样,家长包括学校师生可以为他做什么呢?

🌳 **回复**　可以看得出您为自己孩子如此不堪的行为焦急着。我很喜欢您最后一句话:"像这样,家长包括学校师生可以为他做什么呢?"母亲有了决心要帮助儿子,又谦虚地寻找适合的方法,那孩子的情形就一定能够得到改善!请相信,母亲坚定的信念和不可摧毁的毅力是可以陪伴孩子渡过难关的。

从你的形容来分析,你的孩子有可能患有"注意力缺陷、多动障碍"(Attention-Deficit/Hyperactivity Disorder),简称"多动症"(ADHD)。这个症状不是通过

29. 对多动症的理解

验血或验尿就能诊断的,而是通过孩子的行为来鉴定的。通常,患有多动症的孩子,他的举止行为跟你提问的情况比较类似:上课注意力不够,好走动,不听话,脾气暴躁,动手打人,不擅长跟人打交道——"学校同学都不喜欢"。至于你说的,才小学二年级就出现摸女生胸部的问题,我们暂时把它归为"为了引起大人注意力的反叛行为"。

如果孩子真的患有多动症的话,母亲是否可以把孩子当成病人而去同情他和理解他呢?病人对自己身体的控制力是很有限的,何况孩子本身大概也不知道自己为什么总是忍不住地犯错,为自己达不到大人和老师的要求而苦恼。如果孩子是因为生理的原因而导致其行为的不端,那么母亲本身也不要自责,而是要尽一切努力去寻求专业的医治方法。

在这里,我们假设孩子是患有多动症的病人,然后来分析一下他的处境。

一个七岁左右的孩子,在多动症的驱使下,他没有办法太长时间、静静地坐在那里听老师讲个没完没了。那对他来说是极其痛苦的、很难做到的。他的右脑系统有一部分过于活跃了,因此控制不了自己,会突然离开座位、撩一下旁边的同学⋯⋯

如此一来,大人们当然会误解他,认为他"是个不听话的孩子"。好像没有人理解他，他自己也不知道这是怎么了。他在老师的惩罚之下，就更暴躁了，手也不听使唤地动手打人了。

由于他不能集中精神做完一件事，在大人们的眼里他什么都不是，在其他小朋友面前他也不知道怎样才能控制自己的行为，不能好好地跟他们有耐性地玩一种游戏，也不能体会与他们相处的快乐。更糟糕的是，在家人面前，他也常常冲动起来，不加思索地做错事情。

那么母亲应该如何跟多动症的孩子相处，并教导他正常地生活呢？

首先，母亲要积极地去寻找可以治愈孩子的各种方法。多动症的分类极其复杂，要通过专业人士的诊断才能知道孩子的行为征兆到底是属于多动症分支的哪一种。然后通过专业的疏导，孩子可以有意识地学会控制自己的行为。

如果医生推荐药物治疗的话，母亲和孩子会觉得"他（自己）像变成了另外一个人似的，内心舒坦平和，与人打交道淡定了，行为举止方面也不会那么冲动了"。有时候，药物的治疗相对立竿见影。诚然，母亲要跟专业的医师探讨，然后在药物的疗效与其副作用之间找到一个平衡点。

母亲也可以选择让孩子通过心理医生的疏导来改

29. 对多动症的理解

善行为,这可能要经过一个漫长的、循序渐进的过程,成效有时不那么明显。

以上的两种方法都很重要,就好比我在《情绪管理的"软件"与"硬件"》一文中所谈,如果两者兼备,孩子恢复正常的几率更大。

帮助多动症的孩子,具体的办法也有很多。母亲可以根据自己孩子的情况和对训练的反应来调整。试试一个新的方法,就是让孩子手里常常拿一个可以捏、掐、搓或揉的东西,鼓励他不停地用手把玩。在他的大脑神经还在活跃地运作时,通过玩弄手里的物件可以抵消一些神经性的焦躁。如此,他在动手的同时,应该可以好好地思考问题。

以下的种种方法已经在其他文章中提到过,在此仅作参考:

1. 先在食物上找原因。避免让孩子吃容易令人兴奋的甜食,多吃蔬菜和水果、多谷物与蛋白质的食物,忌食碳酸饮料或刺激性食物。

2. 孩子要做足运动。放学后,最好要运动出大汗才要求他做功课。

3. 让孩子独立管理自己的东西。让孩子形成自己固定的模式,比如他的书包由他管理,有一套固定的文具,有固定的做作业的地点等。有规律的生活比较容易令他产生安全感。

4. 在集中精神方面，请千万别为难孩子。比如，让他在一定的时间内做完了一件事之后（即使是五分钟也好），就故意地让他去喝点水，吃一块苹果。然后再鼓励他回到座位上。①

5. 杜绝孩子玩暴力、血腥类的电子游戏。②

我记得有一位朋友曾经告诉我，她的儿子被诊断为多动症，经过化验，发现孩子身体里的重金属超标，判断这是引发孩子多动症的主要原因之一，母亲怀疑原因是她的儿子小时候吃了太多被河水污染过的活鱼。因此医生决定给孩子减排体内的重金属。

以上是我间接听来的信息，并无严谨的科学依据。

有个更有效的方法可以令孩子过上正常的生活，那就是通过母爱的力量！母爱的奇妙效果是物疗的"硬件"和心理疏导的"软件"都不可比拟的！母亲对孩子的同情、理解、包容、维护、规范，对孩子日复一日的关怀与无微不至的关爱，都对孩子的康复起到决定性的作用。

---

① 请参考《孩子的"专注力"》。
② 请参考《感化"成瘾了"的孩子》。

29. 对多动症的理解

不过,母亲也不必着急,世界上有很多成功人士在小时候都曾经患有多动症,比如美国总统约翰·肯尼迪,又比如微软公司的创始人比尔·盖茨等。他们有如今的成就并不是因为他们终于消除了多动症的症状,而是因为他们经历的这些磨难成就了他们的过人之处!

令人鼓舞的是,据说患有这种症状的孩子有着不同于其他人的长处和才能。这就需要母亲用爱心去理解,去发掘!

在此,借用 Dr. Seuss 的话,送给一个患有多动症孩子:

今日格言:

> Why fit in when you were born to stand out?
> ——Dr. Seuss
> 为什么你要尝试跟别人一样,抹去你与生俱来的"特别"?!
> ——雅典娜(翻译)

30 孩子"小动作"的警示

✉ **提问** 我家的老大,男孩儿,九岁,三年级。他的个性属于那种比较乖巧、顺从的。小时候,包括上幼儿园期间都觉得他的专注力还是挺好的。但是不知道为什么,上了小学以后,感觉他的专注力反而变差了,总是有很多小动作,手上不停地要摸一些不相关的小东西,或者是会晃腿。他现在做作业比较磨蹭,批评他他又不开心,感觉他也想做好,但是总像是控制不了自己。之前我也用精油香薰给他舒缓过一段时间,效果不明显,现在到了三年级,学习压力加重,问题就更加明显了。

🌳 **回复** 孩子正处在发育的年龄段,身体内部时常有些不可控的生理反应。

你注意到儿子的专注力差了,也伴随一些"小动作"——晃腿、抓东西……其实你不必过于担心,因为孩子的这些小动作应该是暂时性的,大多是外界的某种因素令孩子的神经过于紧张所造成的。

30. 孩子"小动作"的警示

我们的大儿子在三年级的时候,也有过一些小动作——舔嘴唇、频繁地眨眼、甩脖子等。后来,他通过踢足球的运动克服了那不可控的举动。

原来,那位澳洲来的班主任老师是个十分紧张的人,她说话急促,表情古板,更糟糕的是,她还是个"完美主义者"。孩子们在课堂上总是听到"不要做"(Do not)等否定的词汇。那位老师对孩子们的要求太过苛刻,常常大呼小叫地对学生表达不满,难怪我们大儿子一见到她就感到十分紧张。

通过努力,我们把儿子调换到了另外一个班级,结果呢,正像我们预期的那样,儿子每天轻松愉快,做小动作的那些"毛病"便也很快消失了。

以此类推,在此建议这位母亲留意一下儿子,当他遇到某件特别的事或提到某个人的时候,他的"小动作"的症状是否会比较严重?

比如,当他做数学题的时候(假设他不太喜欢数学)?或者,某位老师布置的作业会令他特别地紧张?母亲找出原因,但不要强调观察得来的预测。就是说,没有必要让他知道他不喜欢数学或反感哪位老师(我们在此假设而已)。希望找到让孩子放松的办法,他的"小动作"或者说"小毛病"也可能就会自然消失了。

31 老二的"妒忌"

✉ **提问** 麦博士,我家哥哥十岁,弟弟八岁。弟弟习惯也喜欢模仿哥哥,尤其是哥哥擅长的、被表扬的,我跟弟弟说"爸爸妈妈爱你,因为你是你,你不用和哥哥一样",但没啥用,问题常会演变成弟弟"东施效颦",把自己气哭。我也鼓励他,但又不能撒谎说他也很棒。也不能太直接地说他不行,伤他自尊心。弟弟有自己擅长的东西,比如画画,我单独给他报了兴趣班,没有带哥哥一起(哥哥也不喜欢),希望对他有帮助。

对于心思细腻又敏感的孩子,有什么话、什么事是绝对不能说、不能做的吗?

🌳 **回复** 你这位母亲,对两个孩子的一举一动既敏感又观察细致,儿子们有福了!母亲好像把他们"含在嘴里怕化了"。

既然察觉了老二"妒忌"的心理与行为,母亲是否尝试以下办法。

31. 老二的"妒忌"

1. 鼓励老二把自己"妒忌"的不安全感表达出来，但是不能用大呼小叫发泄的胡闹方式。鼓励他表达："哥哥（或姐姐）能做到的，我为什么就不能？"

2. 母亲要尊重并重视老二的感受，无论他的想法有多幼稚。然后用他听得懂的话语来解释及安慰他。让他知道"妒忌"的心理有时候是下意识的感觉，但要学会掌控自己的意念，更要控制自己的行为，不要做出伤害哥哥的事情。如果弟弟学会了表达感觉，又可以控制自己的情绪，那弟弟就很棒了！

3. 弟弟还要体会有哥哥的好处，比如，玩起来有趣，出外有伴儿，学东西有榜样……让弟弟觉得在关键时刻，哥哥是可以保护自己的。弟弟的这种感觉通常来自母亲在日常生活小事上对兄弟两个的评价。

4. 切记，母亲不要拿两个儿子做比较，比如说："你为什么不会像你哥哥那样呢？他是你的好榜样！"如此评价，弟弟会暗暗地增加对哥哥的妒忌心，也许因为母亲下意识地肯定了一个比较完美的老大，却否定了另一个不太完美的老二。

5. 平时，母亲可以留意两个孩子的谈话，避免"我把你打败了！""你不行！""你没用！"之类的话，无论是哥哥评论弟弟的，还是弟弟"妒忌"哥哥的语言，都不可以用否定他人的负面词汇。

6. 母亲要鼓励两个孩子尽量自己妥善地处理兄弟之间的关系。除非被其中的一个孩子邀请，否则母亲不要轻易介入。在处理时，请不要做"包公"来秉公处断。家事不需要"大是大非"去理论，却要用"爱"的原则来化解。

看到你那两个孩子年龄相仿，弟弟在母亲面前争宠，不免引起我的暗笑。其实，我们家里的连东和连西也会有类似的矛盾。连东长到差不多十岁的时候，是个人见人爱的小男孩——聪明、善良、体贴、自信。那仅仅小他十八个月的妹妹连西，却是一个机警、好斗、智力过人的"小泼辣"。妹妹尤其不喜欢做哥哥做过的事情，道理很简单，那就是，哥哥在人们的评价里真的是太完美了，所以她怎么可能超过哥哥呢。

母亲可以控制自己不去比较孩子们，可是却无法限制其他邻居在两个孩子面前无意识地"夸奖了"一个，其实那也就下意识地"贬低了"另一个。

在初中暑假前的聚会上，学校颁奖给学习成绩与各方面都优秀的学生。那时，连西听到了自己的名字，她被授予本学期的"亚洲研究"学科最佳奖！在那一刻，她心想："这回我可以超过哥哥了吧？！"于是，满心欢喜地去

31. 老二的"妒忌"

领奖。

还没等她的奖杯捧得热乎呢,她就听到了哥哥的名字,心想:"真不公平!好不容易自己得了一个奖,打算回家好好地庆祝一番,怎么哥哥也要凑热闹?"还没等她的思路捋顺呢,她又一次地听到了哥哥的名字!

这下,连西就更觉得自己的奖杯已经不珍贵了,因为哥哥一连拿了两个奖项,一个是数学的最佳奖,另一个是物理学科的特别奖!

回到了家中,我们做父母的表示了以他们两个为荣,当然它不光只代表孩子们在学业上的出色,更显示了他们努力上进的精神!我们不强调孩子拿到了还是没拿到奖;拿到了一个还是领了多个奖项。在这种情况下,我们更要有意识地注重孩子们的感受,所说及所做都要避免孩子们之间的攀比。

直到今日,连西喜欢的老师和同学一定是那些不会见到连西就问"你哥哥最近怎么样了?他是个多么好的孩子呀"的人。

你是一位聪明的母亲,有意识地给两个孩子提供与母亲独处的机会。有时,母亲只带着弟弟去兜风,而另一场合,就只带哥哥出去做事情。

待到有一天,哥哥哪怕有一点细小的关心弟弟的举动,母亲就要很夸张地表扬哥哥。久而久之,他就知道关照弟弟不仅给自己带来自我价值的快乐,更能在母亲那里得到极大的赞赏!

32 驾驭"哭"的艺术

提问 九岁小女孩在表达一些事情时经常先哭一下,然后再说出她的要求,已经成习惯了。大部分情况下,她哭的时候,大人不会满足她的请求;也谈过希望她不要急着哭,先表达事情,但遇到问题她还是老样子。我也问过她:"你为什么总是先哭?"她答:"我怕你不理解我。"请问麦博士这样的行为代表什么?

回复 多年来,我们有个传统的误区,就是"男儿有泪不轻弹",如果男孩子喜爱哭的话会被认为是个没出息的孩子。而女孩子哭会被认为失去了外柔内刚的美德。其实,无论男孩还是女孩,遇到问题却找不到解决办法就想哭,这是一种自然的情绪发泄。

孩子哭,有时会负面地带动父母的情绪,所以大人的第一反应是阻止孩子哭。其实所有的婴儿都是通过哭来达到目的的,等他们大了也会下意识地用"哭"来软化父母的心。

你女儿担心的是怕你不能理解她。

无论是哪种情况，大人都不应该在孩子哭的状态下纠正或训斥她。

我们要尊重孩子的感受，无论孩子的这种"感受"对母亲来说是否"合理"。鼓励孩子勇敢表达，无论孩子所表达的方式是否"正确"。

有时候，我们可以分析一下她哭的"动静"。

1. 委屈地哭。要在女儿平静了之后，母女一同寻找她委屈的原因。母亲在行动上表示尊重女儿"想哭"的感受。

2. 嚎啕大哭。好像她想得到什么，又觉得你们不会同意，所以耍赖。母亲不必激怒她或者向她妥协，只是淡定地坚持自己的观点。

3. 默默流泪。如果是这种情况，母亲要留意了。只怕她心里忧郁，自己疏解不了。那母亲就少说话，多用肢体语言去表达你对她的理解，这时来自母亲温柔的拥抱，更能胜过千言万语。

总之，注重孩子的心理健康与情绪管理，这才是重中之重！

有些医学观点[1]指出，"哭"其实有几大好处：自我

---

[1] https://www.medicalnewstoday.com/articles/319631 # benefits-of-crying.

舒缓、平静、减压、消炎、促进睡眠、增加视力，还会得到周边人们的关注与同情。

我们知道"哭"并不是"不正常"的示弱，而是一种自我调节的"运动"，那么我们就不要太纠结了吧。

母亲要认同孩子的感受，接受她的情绪（即使当时是比较负面的），提供无限的安慰，等孩子内心强大了，她自然会找到自己表达情绪的最佳方法！

今日名言：

> If your weakness is LOVE,（then）you are extremely strong!
>
> 如果你的软肋是"爱"的话，其实你是最为强大之人！
>
> ——无名氏

33 本末倒置
——麦博士的自白

最近我留意到在我"回复"了一些问题之后提问母亲的反应。

K 说："感觉我又中枪了！"

B 说："我被修理了！被点穴了！"

D 说："我被戳到了，都流泪了！"

其实，这样的反应并不是我（麦博士）所期许的，它开始令我担忧！

那么现在，我还是来解答一下自己心中所问吧。

在分析不同提问的过程中，我体会到了有些母亲的爱是温柔的、细腻的，有时透出无奈……而有一些母亲，她们的爱是激烈的、粗犷的，它反映出强烈的占有欲……

我被她们在提问时所表现出来的真挚与坦诚，被她们那种奋不顾身的精神和毫无掩饰的勇气感动了。

遗憾的是，那时，我心里首先想的是"救救孩子"！怎样才能消除家里所有语言上的"噪音"，怎样用阳光、恬静的态度去平复孩子的心灵。

33. 本末倒置

然而,我却忽略了这些还在焦虑的过程中、需要时间才能走出来的母亲们所需要的安慰与鼓励。

看到母亲们得到回复时"捶胸顿足",对孩子做了"错事"时懊悔不已,其实她们的这种反应并不是我希望看到的。难道是我没能让这些优秀的母亲们感受到自己内心深处的强大?

我在回复L.Y时说:"还没等孩子内心变得强大呢,妈妈就已经焦虑地倒下了。"

难道,我不也是本末倒置,在"孩子还没'得救'"之前,就令母亲在"口诛笔伐"的声讨中羞愧地跌倒了?!

我不断地声明:我没有专业的咨询牌照,也并不自称有任何的资格和水准来评判。然而,我一直以来都关注在不同文化层面下的咨询师们与他们的咨询风格,以及他们的育子理念与实际运用方式之间的区别。

我所赞赏的咨询理念是:"作为咨询师,我聆听你的诉求;我明白你心中的感受;我理解你的处境;但是,我不应该告诉你,你应该做什么或不应该做什么;我不应该将任何结论强加于你,即使我认为正确的,你却没能感同身受的;因此,我会鼎力支持你;希望你要重新思考,在你所理解的范围之内,下决心去改善你所处的环境。"

请注意,以上的咨询观念里咨询师只是起到了辅助的作用,即试图令作为当事人的母亲通过这个"问"与

"回"的过程,更加了解自己,达到所谓"知己"的目的——了解母亲在育子方面属于哪一类型,是具有权威的?放羊式的?保持距离的?全情投入的?还是溺爱至极的?

当然,每一种爱子的方式都有其"利"与"弊"。

另外一些咨询师所持的理念是我不太认同的。他们认为:"我是专业的,受过训练的,有足够的经验来解决你的问题,你应该执行我认为对你有效的各种方式和方法。如果你按着我提供给你的'处方'去实践的话,一定会立竿见影!"

遗憾的是,本人目前还没有足够的理论知识来评判两种理念的利与弊分别在哪里。我认为将自己的理念强加于他人不是君子之道。

因此,本人比较倾向于前一种咨询理念,那是符合我初心的,那就是我愿意去做一个感同身受与鼎力支持的聆听者。

虽然在我回复大家的问题时,分享了一些实验性的具体方法,让母亲们自己选择哪些是适合自己的实际情况的,但那并不是什么"灵丹妙药",更不能像开处方一样地帮母亲制订规划。我的初衷是带领大家一起聆听母亲们目前所遇到的困难以及体会她们心中焦急的感受,然后群策群力地探讨问题所在,以便让母亲们学会尊重自己的感受,意识到自己的内心是可以强大起来的,按照自己的处事风格是可以改善与孩子关系的,且最终达到"知子"的境界。

自白感言:

> 母亲,好比一棵大树,
> 枝条,是孩子独立的象征。
>
> 健康的、根基扎实的树,
> 一定能,结出美好的果实!
>
> "我"愿,做那树下乘凉之人,
> 欣赏着,枝条的逐渐粗壮,
>
> 那独特的,无比甜美的果实,
> 如有一日,有幸被邀去品尝!
>
> ——雅典娜

34 跟孩子谈钱

✉ **提问** 我家里有两个孩子,大的是女孩,九岁,小的是男孩,快六岁了,最近针对他们的主要问题,进行了一项现金奖励,这个伏笔埋了很久,实施起来的时候还是颇见成效的。

1. 姐姐因为粗心大意,考试经常丢分,为了让她能仔细认真,决定考试90分以上奖励5元,95分以上奖励10元,100分奖励50元,这个奖励很刺激她,紧接着的数学考试,她就考了98+20分,那天她自己也很开心,在我们家的白板上记录下了这一笔。

2. 弟弟已经快六岁了,还是很黏我,晚上睡觉还是要跟我们大人一起睡,以前我们大人也很享受这种亲子时光,但随着孩子慢慢长大,我想想这样也不行,上学前一定要养成自己睡觉的习惯,也用了现金奖励的方式:独立睡一天奖励1元,连续一周就奖励10元,这个规则他也接受了,制定规则的当天他就要求开始实施,做母亲的看到他这样是既欣慰又有些小小的失落,孩子其实长大了,是我们不愿放手吧。他连续独立睡了6天,每天我们都在鼓励他:"第7天的时候,会有10元的奖励哦。"可是第7天半夜他又跑到我们床上来了,他说太想我们了。

我现在也没有更好的办法了。

群里A的分享:博士,"钱"的事确实挺有意思。我的大儿子今年九岁,上四年级。他在家做作业的效率很低,经常要做很久,但在老师跟前能做得很快且对。为了提升他在家的效率,我制作了月表格,规定了每天的完成时间及相应的"金钱奖励额度"。

但可能是我的某些细节没有做好,最终的效果并不好:一是儿子最初的兴头过去之后,金钱的激励作用降低,整个月的作业完成效率只比以前好一点点;二是他对钱事实上并没有很多需求,他感觉他攒的钱蛮够他用了,动力并不很足;三是非常负面的效果,他变得"见钱眼开"——路上捡到小钱或者是长辈给了红包,他会小心收起来,不再像以前那样交给我。所以后来家里就慢慢淡化了这个金钱奖励,孩子有特别大的进步时或者他有明确需要我以钱奖励他的时候才给。

我更多地从改变自己入手,学习萨提亚对话练习,觉察自己的情绪和期待,在意他的意见和想法,改为以"深谈"来激发他内心的力量。在麦博士的分享中,我也汲取了很多的力量,感恩博士!

群里B的分享:我们家会设置一些星星笑脸的奖项,主要针对他们不同时期提升的点,如时间管理、勇敢、友爱之类的;同时和他们商量后,把他们平时的压岁钱单独开户存起来,作为他们自己给朋友买礼物或上兴趣班的基金。

群里C的分享:感恩麦博士每天温暖而有力量的文字!

我也来说一下我家的调皮小子,他十岁多,五年级。我给他定了一个游戏规则,每天晚上七点半至八点前能按质按量完成作业,我们就在小白板上写"正"字的一笔,若达到多少个正字,他可以兑换奖品,买玩具或书籍都可以,但若被老师投诉就得擦掉对应的正字。

总之,这一个多月以来,他的纪律好了很多,学习成绩也有了进步,他自己也对学习恢复了一些自信,希望这种状态能持续下去。

上周,他四天中有三天目标达成,而且,他破天荒地在周五就把周末的所有作业做完了,我们周日一起疯玩了一整天,非常开心!再次感谢博士!是在您理智的分析和无私的个人育儿分享中,我才坚定了以前学习到的林林总总的"理论"。

34. 跟孩子谈钱

回复 以上四个例子都是群里的提问与点评,是和孩子"谈钱"的各种不同感受,每个例子都挺有代表性的。

首先,家长是否喜欢跟孩子谈钱,这属于一个家庭的文化范畴,因此,谈钱这件事本身并没有对与错之分。

你可以留意一下,在家里总是提到钱,其实跟家里的经济条件无关,却关乎母亲本身对钱的认知。也就是说,富人就未必不提到"钱"。相反,经济条件不太好的人也未必就常把"钱"的字眼挂在嘴边。

本人认为,母亲有必要让孩子知道自己家里的经济状况,知道钱是怎么来的,在生活中如何合理地去使用。但母亲最好不要用钱来操控孩子的行为,更不提倡用钱来收买孩子,成为孩子追求进步的动力。

钱本身只是人们生活中的一个工具,它不应该是我们生活中追求的唯一目的,更不应该是一个人成功与否、价值体现的唯一标志。

遗憾的是,目前社会上的很多人却不这么认为,在社交媒体的宣传与评价中,"拜金主义"的信息实在是太多了。这很容易令孩子们有了"功利"的思想,觉得读书是为了有体面的工作和得到可匹配的社会地位。

其实,一个经济条件平实的母亲,可以做到生活俭朴而充实。她可以把钱看得比较淡泊,给予子女的信息是:"我们要感恩可以享用充裕的物质,更要去尊重、体恤并帮助那些有需要的人。"

孟子说,"富贵不能淫,贫贱不能移。"

有了钱,也不可过度浪费。没有钱时,更不能失去本性。

我认识一位很了不起的母亲,她是工厂的女工,丈夫在儿子三岁那年就去了国外,一去不返了。她自己省吃俭用地把儿子拉扯大,最终儿子拿到了麻省理工学院电脑软件的硕士学位,目前在硅谷一家有名的公司上班。

我在跟他们接触时,常常听到他们私底下悄悄地留意着东西的"贵"与"不贵";这个东西是否值得购买……我可以感受到,他们母子对钱"重视"的态度,毕竟母子俩这么多年都得"谈钱"来度日。

令我佩服的是,这位母亲心中充满了感恩。她享受着目前好的经济条件所带来的各种优越生活,然而却从不掩饰自己过去所经历的物质贫乏与生活的艰辛。她自己比较节俭,但却毫不吝啬地去帮助他人。她是不折不扣的"富不骄""贫不移"的好榜样!

另一个例子有关一对极其富有的夫妇,来看看他们有怎样的金钱观,又是如何跟孩子们谈钱的。

34. 跟孩子谈钱

这对夫妇出身平凡,为人平实,有幸得到了一笔可观的财富。然而,他们却很自律,不对他人炫耀自己丰厚的身价,而且他们品行高洁,私底下暗暗地捐赠了不同的慈善项目。

我很敬佩这对夫妇的为人谦恭,更敬佩他们教导子女要不骄不躁地对待拥有的财富。他们用钱的座右铭是:"不是买不起,而是'是否值得买'?"

遗憾的是,他们担忧自己孩子当下的"不努力",更为他们将来拥有太多财富的"坐享其成"而焦虑。于是,这位妈妈开始非常严格地控制孩子们的零用钱。她有一个理念:"孩子手中的钱越少,他们就越少找麻烦。"

因为害怕孩子们炫耀手中的零花钱,这位妈妈每天给孩子们的午餐费是没有节余的。儿子兜里的零花钱只够买一份主餐,没有钱买其他小吃、饮料或甜品。她的孩子们都是运动健将,但却时常饥肠辘辘,我常常感叹他们的父母是"又要马儿跑,又要马儿不吃草"。

很快地,学校里的同学们发现那两个"富家子弟"其实是孩子们中"最穷的"。

每年二月十四号"情人节",学校都举办一些特殊的活动。当其他男孩子只用 15 块钱就能买到一束玫瑰花送给自己喜欢的女孩子的时候,这两个富家子弟却囊中羞涩。平时，连多买一份小吃都困难，更别说彰显"君子的大度"去讨好女孩子了。在十一月第四个周四的感恩节上，学校还有特别的火鸡大餐，那更是他们可望而不可及的。

后来，同学们都想办法在不伤害他们自尊心的情况下来"救济"他们。时不时，大家还得故意多买一块蛋糕，然后假装吃不掉而分给他们一小块呢。

哎！到头来，朋友的这两个孩子在其他人的眼中，怎么就变成了被钱所困的"小可怜"了呢？

孩子们如此被钱所困，难道他们的自尊心和自信心不会受到打击？

有好几次，我都有冲动，想了解一下父母到底是怎么想的？孩子是否觉得父母在"钱"的问题上对他们不信任？父母的本意是让孩子把"钱"看淡。事与愿违，眼看着孩子们每日都为钱所困，在他们心中，"钱"这个字眼是否会被无形地放大呢？！

如果孩子从小就没有把控钱的经历与经验，那么有朝一日，他们一旦有了钱，岂不是会洪水决堤般地消费无度？！

小结：

1. 让孩子了解自家的经济状况，但是没必要把关于钱的事情挂在嘴边。

2.信任孩子,并给予孩子适当的零花钱让孩子学会支配钱,并有尊严地去使用。

3.母亲切忌用钱来控制孩子,也不要期望用"钱"去改变孩子的行为。

4.根据家庭文化,母亲可以跟孩子商量着制定一套使用钱的方式。

5.母亲对钱的认知会影响孩子将来奋斗的目标。

6.建议家庭成员一起讨论"人生目的与金钱的关系"。

35 不被"成功"的期许所绑架

✉ **提问** 麦博士,早上好。我的孩子已读大二,女生,自小一直在父母身边,被呵护照顾得很好。现在独自离家在外求学,住校。原来读书成绩根本不需要我操心,昨晚和她大学辅导员交流,孩子现在学习不主动了,对自己未来的职业规划也没有那么明确,和室友的关系也微妙、紧张。我让她随身携带了精油,但孩子也不大注意照顾自己的身体。孩子总是要自己学会长大的。现在的我该如何帮助孩子呢?

🌳 **回复** 一个优秀的孩子(即使是成人)有的时候是在无所事事的过程中,在被允许"犯错"的条件下,才能找到下一个目标!

孩子从小在你们的精心培养下,循规蹈矩地长大,她在学校、在朋友们的眼里都是出类拔萃的,这令你们感到无比自豪!

土地休养了,才能生生不息。人饥饿了,才能充分感

35. 不被"成功"的期许所绑架

受吃大餐的快乐！

现在看来,也许孩子太累了,自我怀疑了,找不到自己的专业兴趣了,生活也就失去了规划。她需要有自己的空间,去体会,去犯错,去爬起来。

如果一个孩子总是不得不被"优秀"和"成功"的期许所绑架,她的感觉就好像总是被人架在火上"烤"一样。

她要先做一个快乐的人,才能令自己做一件成功的事！

今日名言：

> It is not what you do for your children, but what you have taught them to do for themselves, that will make them successful human beings.
>
> ——Ann Landers
>
> 不是父母为孩子做了什么,而是父母教导了他们怎样找到了自己的方法。只有那样,才能造就成功的人！
>
> ——雅典娜(翻译)

36 "不发怒"的威严

✉ **提问1** 麦博士,早上好,现在年轻父母的生活压力很大,不经意的会在与孩子相处时流露出来,很想知道父母的情绪波动对孩子的影响,以及如何避免负面影响。谢谢!

✉ **提问2** 我家大宝十岁,三年级前都是我辅导作业,经常对他大吼大叫(现在已经放去托管,基本没再骂他),现在他大声说话的样子像极了我以前骂他的样子,怎么改回来?

🌳 **回复** 莎士比亚的《驯悍记》(Taming of the Shrew)是我喜爱的文学作品之一。内容嘛,大家可以自己去查看,总的来说,是讲一个很有魄力但从不发怒的丈夫怎样把一位出了名的、"泼妇"似的名媛给"修正"得服服帖帖的。

那个丈夫的方法很特别,那就是他从来不跟无理取闹的妻子针锋相对。当妻子故意想挑起事端去辩论的

36. "不发怒"的威严

时候,丈夫却不准备跟从她唇枪舌剑,对她大发雷霆的过分行为也不以为然。丈夫严格地遵守了双方婚前所协商的"夫妻双方如何相处"的条例。

于是,这位桀骜不驯的新婚妻子发现:她像从前一样,觉得东西不好吃或者不是那个时间段她所要吃的,就东摔西砸的。原以为将会有更好的食物摆在她面前,却发现下人静静地收拾了残局,客气地消失了……

我又想起我们家人的一个小故事:

二女儿在四岁的时候,是个非常聪明的孩子,性格也极为倔强。她决定了的事,任何人都不能改变!我看到了她的这个特点,便在正确的事情上任凭她自由地去选择。然而有一件事却涉及原则问题:她要求去别的孩子家住一个晚上。

在某些社交圈子里,孩子们去朋友家过夜并不是什么大事。可是,我们家有一条很明确的规定:孩子去别人家玩是可以的,却不能在别人家过夜。

女儿为了这件事,决定大闹一场!她连着两天拒绝洗澡,到了第三天,自己觉得很不舒服了,就脱光了衣服。但是,当她看到热气腾腾的盆浴时,忽然觉得"火冒三丈"了起来,想利用"妈妈特别愿意让我洗澡"的由头,来要挟一番。于是,她就站在那里,一动不动,看妈妈拿她怎么办。

知己知子

　　我们的这个女儿可是知道自己的"权限"了呢,洗澡嘛,应该是她自己的事,无论她怎么的"脏"和"臭",那是属于她自己的事,却不妨碍别的人,因此,妈妈也不应该去干涉她的选择权。她应该在想:"妈妈一定很在意我没穿衣服会导致感冒这件事了吧?"

　　看到女儿在耍脾气,我就开着浴室的门问:"你都脱光衣服了,不会太冷吗?想洗,就进浴盆,不想洗就出来穿上衣服吧。"

　　不出我所料,她两样都不想,她想让我答应她去朋友家过夜的要求。

　　我走来走去,每隔十分钟就去开门看看她是否进浴盆了。同时,我尽可能地保持着冷静,并一直在做我的事,家里的音乐也没有关闭,装出好像不太在意她是否在耍脾气似的。

　　大概一个小时过去了,女儿还站在那里"示威"！那时,我真的有些动摇和犹豫了,怕孩子真的会被冻坏。可转眼又一想,反正没有人身危险,她最多就是得个感冒而已吧。

　　我打开了门缝望了她一眼,此时的她已经冷得上牙碰到下牙了。"乖乖,你想好了吗?水也凉了,要不,出来穿衣服吧?"然后,我接着说:"不过,就是感冒了也没什么了不起的,最多就在家待上几天不去上学呗。"

36. "不发怒"的威严

这时,我听到了"哇、哇、哇"的大哭声,这哭声里掺杂着"挑衅""委屈""被驯服"及"懊悔"的意味……于是,我便马上跑过去把她抱了起来。

接下来,我给了她一个非常到位的热水浴,又擦又按的。有趣的是,我们两个谁都没再提"刚才那件事"了呢。

后来,女儿长大了,朋友的妈妈问她为什么那么"优秀",而自己的女儿却喜欢"耍小脾气"。这时候,女儿就很喜欢讲以上的这个小故事,并且所要传达的意思是:"在原则问题上,我妈妈的'钢铁意志'不会被任何孩子的胡闹所摧毁,而且这种意志是通过'不发怒'的方式来体现的。"

孩子会明白,就算自己的无理取闹是"道高一尺",而妈妈坚定的意志与不发怒的威严,却更是"魔高一丈"!

今天感言:

"母爱"是人类情绪中最美丽的,而"发怒"却不是它的字眼!

——雅典娜

37 孩子真的"偏激"吗？

✉ **提问** 我的儿子十岁，他有时挺乖的，但有时又让我抓狂，我想请教一点：如何能让他不要太固执或偏激？比如我叫他写字不要写那么慢，他就龙飞凤舞写得超级快。有时我叫他吃早餐不要那么慢，他就狼吞虎咽，把自己的嘴都塞得满满的。有时晚上十点该睡觉了，他在看书，我叫他睡觉，他就说我不让他看书，他以后不看了。

诸如此类的情况，他都喜欢把事情做得很极端，我很无奈。

🌳 **回复** 我很喜欢你对儿子的描述："*他有时挺乖的。*"

十岁的男孩子，开始有自己的思想了，也产生了自我独立的萌芽。如果妈妈不停地"叫他"做这、做那，他也许下意识地萌生了反叛的情绪，于是在行为上用"逆反"的做法向妈妈抗议。不过，这也不是什么不可解的难题，我们从不同的角度分析一下，也许就能找到改变现状的

37. 孩子真的"偏激"吗?

方法。

我曾经在香港参加过一个研讨会,是关于"家长在孩子成长的不同时期,所需扮演的不同角色"。

有一些教育家认为:对于0—8岁的孩子来说,家长是"哺育期"的悉心呵护者与抚育者。那个时期的孩子还没有足够的能力为自己的思想和行为负起全部的责任。

对于8—12岁的孩子来说,家长是在扮演"管理员"或"经纪人"的角色,比如安排孩子去学习各种技能,搞生日派对,帮助子女约其他小朋友一起玩等。请注意,家长只是"经纪人"而已,应该尊重孩子的意愿并在得到孩子同意的情况下,替他安排他所需要及喜爱的各种活动。在这个阶段,家长应该开始注重培养孩子的独立人格。

对于13—18岁的孩子来说,家长就好比运动场上的一位"教练员",任凭自己的孩子在竞技场上摔倒,看着他自己爬起来。时不时,孩子来到"教练员"这里总结教训,然后又返回运动场去拼搏。

既然家长扮演着"教练员"的角色,那他们就要站在运动场地之外,出谋划策,却不可上场替孩子竞技,即使孩子碰得头破血流,失败、爬起来、再去得分……感受那获得奖牌时刻的胜利喜悦!

知己知子

在孩子成长的不同时期，母亲如果把以上的顺序搞乱了，比如在"管理员"期间，做起了"哺育期"的保姆，那岂不是"婆婆妈妈"，整天唠唠叨叨的？明明孩子已经有了对自己思想和行为负责的意识了，也有对事情判断的能力了，更有了独立自主的强烈愿望，可是妈妈还"*叫他不要慢*"，或者"*叫他不要快*"。请注意，"*叫他*"，这两个字意味着"命令"，对一个十岁、早熟的孩子来说，"被命令"与"被强迫"，那是一件多么不愉快的事情！

再有，写字与吃饭的快与慢都是相对的，只要他自己在规定的时间范围内做完了自己的事情，那就应该受到表扬了吧。

你这位恨铁不成钢的母亲，从你爱你儿子的情绪表达来看，我相信你一定能做到：信任儿子的能力，相信他可以完全掌握好自己写字和吃饭的速度。说不定，他在慢慢地写字的时候，同时也在积极地思考着？①

凡是与孩子身体健康有关的事，我们都不容忽视！

晚上，妈妈要求孩子在十点钟睡觉是十分必要的，它能保证孩子有充足的睡眠。不如，妈妈跟孩子提前讲

---

① 请参考《"磨蹭"是缺点吗？》。

37. 孩子真的"偏激"吗?

好:儿子几点可以看自己喜欢的书;几点让妈妈来道晚安,以确保他关灯的时间。

每天晚上,妈妈去儿子房间关灯的时候,温柔地说上几句他喜欢听的话,然后轻轻地给他盖上被子,抚摸一下他的头,用信任的眼光多看他几眼。

今日感言:

> 在生活中去计算恩典吧,总比尽数你的麻烦要好受得多!
>
> ——雅典娜

38 | 哪些事情是可以改变的？

✉ **提问** 麦博士你好，我女儿今年十岁，上五年级，刚上小学那会学习习惯没培养好，现在每天回家做作业都要磨蹭拖延，脾气也比较急躁，有点小叛逆，只要稍有点不顺心就跑进房间把门关起来，一有空就玩手机。

平时放学喜欢邀请同学到家里玩，今天外公接她放学，她邀请同学到家里玩，同学拒绝了，她再次邀请的时候遭到同学家长反感。外公回来就告诉了我。

其实这种事也发生了好几次，我也好好和她谈过，也没用。女儿还比较自负，觉得自己啥都会。几乎每天回来都会被外公、外婆或者爸爸训斥，我先生教育方式也不得当，只会说教。家里人也多，一人一句，她也左耳进右耳出，有时候好好谈过以后她当天表现挺好，第二天又恢复原样。

我现在该怎么做才能既说服老人和孩子爸在教育问题上对孩子正确引导，又能纠正女儿的这些不太好的习惯？

38. 哪些事情是可以改变的?

回复 老人们对孙儿辈的教育观念,在此我们可以视作"暂时不可改变的事情";但可以要求他们不能越位地"管教"你的孩子,这应该算作可以改变的事情。丈夫对孩子的"只说不教",这可能不是一时半会儿可以改变的事情;但你对孩子加倍再加倍的耐心与关爱就一定是你可以改变的事情了。

在这种情况下,对孩子来说,你这位好母亲就成了女儿在家庭环境中的一片净土、她心中委屈的一丝光亮!

孩子的学习习惯是她自己需要改变的事情,却不是大人们可以改变的事情。

当孩子愉悦了,有愿望去做到她的最好,那就是她自己可以改变的事情!

做一位聪明的女人①,让你的家庭成员都能够有愿望去优化他们自己,那就是你最大的成功!相信你有这种动力、能力和智慧!

请注意:

1. 家里不同辈数的人都对孩子"七嘴八舌""指手画脚"可不是什么好事。除非长辈都对孩子有容忍之心,言行举止都能够带给孩子正能量的信息,那么在父母的邀请之下,长辈们才可以表达自己的观点。天经地义地,孩

---

① 请参考《"脖子"转"头"的管家艺术》。

子应当由父母教导,没有被邀请的其他人就不应该参与。

2. 不如,试着开个家庭会?在温馨的气氛下,让孩子设定自己的目标。比如,手机可以使用,但是不能单独拿进房间,锁上门等。

3. 学习习惯和学习成绩可是她自己的事情,是否不与父母的期许挂上钩?

4. 孩子喜欢社交,家长应当鼓励。她喜欢邀请朋友来家里玩,这说明她以自己的家庭为荣。家长可以帮助女儿寻找好的玩伴,事先跟对方的家长沟通好,然后再让女儿跟她的小朋友去约时间,这样女儿会觉得是她自己邀请成功的,那她在朋友们面前将会更加自信!

今日名言:

> 在生活中,我们要去改变可以改变的,去接受不可以改变的。祈求上苍,赐予我们智慧,去分辨哪些是可以改变的事情,哪些是不可以改变的事情!
>
> ——卡内基

39 兄妹之争

✉ **提问** 我的儿子15岁,女儿13岁,儿子是暖男,性格随和,女儿活泼有个性。爸爸没有在身边,我一个人带两个孩子。面对同一件事情,哥哥听话,妹妹不听话的时候,哥哥会有意见,觉得我只管他不管妹妹。我很清晰我一视同仁,并没有偏爱谁。请问,我怎么做更智慧?

🌳 **回复** 正巧,我们家两个小的孩子,哥哥和妹妹,年龄也只相差了18个月而已,所以上学就隔了两个年级。哥哥属虎,妹妹属龙,人们还以为是我"算计"好了特意要了这么一对"龙虎斗"呢。

在某个年龄段,他们两个每天都斗嘴,"礼尚往来","真真假假"。

总的来说,大多数时候哥哥都让着妹妹。人们都赞扬哥哥的表率,同时欣赏妹妹的活泼。

在学校里,妹妹喜欢的老师,一定是不会经常提到她哥哥怎么怎么棒的老师喽。然而,站在妹妹的角度,谁听了不会产生妒忌呢?①

　　大概在哥哥八岁、妹妹六岁多的时候,有一次,他们两个一起去参加了朋友的生日会。朋友的父母开车送他们回家的路上跟他们聊天说:"你们两个看起来相处得那么和谐,真难得!在家里从不吵架吧?"

　　哥哥和妹妹看着对方,几乎同时说道:"我们只是在外人面前不吵架,在家里很喜欢'拌嘴'呢。"

　　朋友的父母大笑了起来,后来告诉我:"你的这一对孩子,既可爱又诚实!"

　　现在我很怀念他们那段吵吵闹闹的时光。

　　他们好像是一对需要对方作为对手而磨炼功夫的"小老虎",你抓我一点,我撞你一下,没完没了地,互相之间谁都离不开谁。

　　后来哥哥先上大学了,那两年,别提妹妹有多孤独了。

　　有一次,我遇到了一位母亲,也碰巧有这么一对儿女。她抱怨地说:"我们的大儿子真是太优秀,太完美

---

① 请参考《一定要撮合兄妹之间的关系吗?》《老二的"妒忌"》。

了。可是,上苍却同时赐给了我老二,把我折腾得够呛。早知道老二是这样子的,我可能就没有勇气要老二了。"

当时,我对这位妈妈说:"你可否想过,如果没有老二的胡闹与折腾,你的老大也许不会这么优秀。因为,他从对待妹妹的态度上,学会了忍耐与谦让,才历练出了谅解与涵养。"那位妈妈听了后,眼圈都红了。

母亲对每一位子女的"爱"是没有办法用"天平"来称的。宽容的母爱是对不同的孩子运用不同的"爱"的方式。母亲非为圣人,所以主观上的"一视同仁"只是一个美好的愿望,然而从客观上来看,没有哪位母亲永远地"一碗水端得平"。

当哥哥忍让了妹妹,他那"好信用"就记在母亲的"账本"里了,何乐而不为呢?如果孩子的脑海里总是在评判母亲给予自己的爱是多还是少,那他在生活中就很难体会到感恩,因此更难得到满足。

让孩子们明白,母爱不是一块披萨饼,一定要分着吃,绝非孩子越多,竞争越多,分配的爱就越少。

事实上,母爱好像是一个小雪球,在寒冬的雪地里,冷冷的山坡上(在孩子的内心最需要母亲的时候),雪球将会越滚越大!

知己知子

今日感言：

抓住吧！
纷纷落下的雪花，
难以存留。

只有少量地堆积，
揉搓成雪球，
更实在，更长久……

母爱好似滚雪球，
后面的壮大，
源于前面的爱所积累的成就！

——雅典娜

40 过夜（Sleep Over）

✉️ **提问**　麦博士，您好！我很早前提到过关于孩子"sleep over"的事，记得您说有机会分享。

我的女友女儿13岁，从国外回来几年了，在国外比较流行"sleep over"，就是到好朋友家过夜。她和我11岁的大女儿一直玩得很好，有一次，孩子是准备好去过夜的，出发时很开心地带齐了生活用品，结果第二天下午孩子就主动要求回家，回来后满脸不开心。

我仔细询问她的感受，她说非常不好，因为她觉得受到了冷落，那个女孩白天上课，晚上关起门来忙自己的事，再加上我女友对孩子是撒手不管、放任自由型管理，她没有被关注和热情招待，孩子说再也不去 sleep over 了，后来也没有机会再去她家里，明显这次的过夜是不愉快的。

请问什么年龄适合 sleep over？孩子适合在他人家里过夜吗？如果被邀请的话，不想去如何拒绝？谢谢麦博士抽空解答。

知己知子

回复 我本人是不主张孩子去别人家过夜的,因为我听过太多"不愉快"的故事,甚至有些人经历了追悔莫及的教训。

很多年前,我喜欢观看美国的现场访谈节目,其中之一是奥普拉(Oprah)女主持的脱口秀。我记得有一期是讲"被性骚扰的"女性们的苦衷。她做了调查,访问了大量的美国成年女性,结果发现所调查的女性中,有四分之一的人在不同程度上都有被性侵犯的经历。令人惊讶的是性侵犯发生的时间与场所。大多性侵犯发生在青少年时期,女孩们在父母不在的场合下,被自己熟悉的或者曾经信任过的成年男性所侵犯。诚然,也包括女孩子去朋友家里过夜的场景。

在我们的三个女儿(也包括两个儿子)的成长时期,我跟我先生就提早地明确了我们家里的规矩,其中一条就是"不去别人家过夜"!她们可以在朋友家玩得晚一点,目的是让孩子们不会错过跟朋友们一起玩的机会,等她们玩累了也聊够了,我们女儿们都知道无论多晚,爸爸或妈妈是开着车一直在外面候着的。父母的这种耐力与坚持成了她们心身安全的保障!

40. 过夜(Sleep Over)

正如您所预期的,好朋友的家庭邀请孩子们去他们家过夜的时候,我们是要有一些技巧来推脱的。总之,我们不向任何"过夜"的邀请妥协,而是坚定不移地贯彻已经商量好了的这项家规。最怕的是,母亲同意了这一家可以过夜,另一家却不可以,如此一来,好像母亲是在评判哪家是好的,哪家又是不可以被信赖的……其实,不同意孩子去朋友家过夜,并不代表我们就不信任自己的朋友。

我们的女儿们没有在外过夜的习惯,那个自我保护的意识自小就已经埋在了她们的心中了,等到她们成年了,在任何场合下,她们都会十分警醒自己的人身安全。

还有一种情形是男孩子在别人家过夜时可能发生的。那就是,别人家的男孩子有看黄色影片的习惯,到了夜深人静时就会拐着过夜的朋友们一起偷偷地观看,甚至于去揣摩,去实践。这种事情屡见不鲜。

对平时家里规定严格的孩子来说,他们受到好奇心的驱使,真的很难拒绝好朋友的这种"引诱"。当然,其后果是严重的,甚至于不可逆转。在这里,我们且不谈小男孩被成人男子性侵犯的个案了。总之,我们家的男孩子也不会在别人家里过夜。

知己知子

今天所谈的概念是,母亲凡事都要在自己所能控制的范围内进行,不可以有侥幸的心理,觉得我的好朋友应该善待我的孩子,我的孩子应该可以应付任何场面。其实不然,孩子在没有成熟之前,我们很难讲什么事情是他们可以应付的,又有什么事情发生时,他们却束手无策。

"不在别人家过夜,除非有父母的陪同。"坚持这一原则是十分值得的,哪怕需要母亲承担六亲不认的"罪名"。归根到底,我们为什么要拿着孩子的身心安全去打赌呢?

多年后,当你们的孩子们明白了这个道理,她们一定会对母亲这种一贯实行的毅力与攻坚不破的智慧感激不尽!

今日名言:

> Nothing good would happen, after the midnight.
>
> 夜深人静之后,应该不会有什么好的事情发生。
>
> ——无名氏

41 一举两得

✉ **提问** 麦博士,晚上好,我请教一下:我家儿子十岁,上四年级,前段时间家长见面会,老师反映说,他喜欢的或者听得懂的课程,他会认真听讲,有些课(基本都是英语教学的课程,可能是他英文不够好)听不懂,他就经常离开位置,或躺在地毯上,有时甚至离开教室。我和他沟通过,他说听不懂,太无聊,没意思。

我应该怎么做来帮助他?其他课程都没有报课外补习,只有英文报了。

🌳 **回复** 看起来你儿子很有个性,喜欢做的事情就认真去做,不喜欢的就不那么容易让别人强迫自己去做。这种性格,在我看来是可以保留的。有个性嘛,就不容易流俗或平庸,将来想问题也会"不在条条框框里"(out of the box),就是人们所说的"有创意"!

至于他不喜欢学外语,那是另外一回事。如果环境允许的话，你可以带他去讲英语的国家旅游一番，他可能回来就对英文有兴趣了。

或者，你问他对什么有兴趣，给他报一个什么班。你可以跟他一起寻找娱乐的各种机会，如果是他自己找到的，他就会更加努力地去学习了。

课外补习上英文课，专门学一门外语，又背单词，又学语法的，那样有可能对他来说是比较枯燥的事情，尽量避免。理想的方式是参加一些与人打交道的项目，比如，踢足球、学下棋、打架子鼓、玩乐器等方式，让一位母语是英文的教练/老师来教，那就可以"一举两得"了！

再有，母亲鼓励孩子跟老师的关系要相处得好。聪明的孩子就会想方设法地让老师信任自己，从而在班级里能够享有更多的自由。

大人在饭桌上、在闲谈时的口气是要尊重老师的。教导孩子从小就尊师重道，那么长大了，他在社会上跟人打交道时就觉得游刃有余了。

但是请注意，如果孩子觉得在老师那里受委屈了，母亲就要毫不犹豫地站在自己孩子的一方（根据具体事情再讨论）。如果老师对你孩子的评价太过苛刻,这时你就要毫不犹豫地站在孩子的立场,去维护他的尊严!

今日感言：

> 母亲啊,你对孩子的完全信任,将终生令他感激不尽!
>
> ——雅典娜

42 姐妹共处一室

✉ **提问** 麦博士,我有两个女儿,一个十一岁,一个不到五岁。最近打算换房子,给她们规划房间的时候,我有点困惑,是让两姐妹在同一个房间还是分开两个房间呢?

🌳 **回复** 这个年龄段的姐妹两个是可以考虑让她们共享一个房间的。她们相处好了,悄悄话多了,是可以促进两人之间感情的,而且这种经历也很难得。

晚上睡觉之前,你还可以鼓励老大给妹妹讲故事,一来训练她的口才,激起她的想象。妹妹会很羡慕地看着姐姐,虚心地聆听,姐姐也会觉得被可爱的小妹妹依赖着和仰慕着。等她们都长大了,姐妹两个将会有许许多多美好的回忆!

家里的子女多时,母亲可以跟孩子们商量一项奖励计划。比如,姐姐教妹妹画画或花时间一起做手工等,总之,姐姐要有意识地去教妹妹一些知识或思考方法。因

42. 姐妹共处一室

为姐姐是有计划地、有教学目的地在家里"打工",既锻炼了她认真做事的能力和负责的精神,又对小妹妹的成长有益,何乐而不为呢?请注意,母亲付费要公平,甚至于要高于外面请来的家教。

话说回来,姐妹同室,家里便空了一个房间出来,那不妨考虑把它作为家庭房去摆放电视机、书架、钢琴等。这样客厅里就不用摆放电视机了,看看家人是否接受只把客厅当作全家人聊天交流的好地方?

如果客厅没有电视机的话,家人之间谈话的气氛会比较轻松和专注,所有家人都容易自然而然地集中精神来享受闲谈的乐趣。

等你十一岁的女儿再长大一些,到了她来月事的时候,她有可能希望拥有自己的空间,到了那时,你要询问她是否需要独处?

你是一位好妈妈,对这么小的事情都认真地去对待,那么,你的两个宝贝女儿真的有福了!

43 "瘾患",不可姑息！

✉ **提问** 麦博士您好，静静地关注了这么多天，我也想请教一下，我们家男孩，十一岁，读五年级，性格乖巧、比较"宅"，沉迷电子产品。他会自觉完成学习任务，成绩也可以保持全A。就是不肯多花时间在学习上，完成学习任务后要么玩游戏、要么刷抖音，对电子产品的自控能力特别差。啰嗦几次也收不了。如果我们强制没收，他就会特别暴躁，我们该如何帮助他摆脱这种依赖呢？

🌳 **回复** 十一岁的这个年龄段，男孩子们很容易沉迷于电子游戏。虽然这是个普遍性的问题，但不代表我们就要随波逐流。

孩子过分地迷恋游戏、刷视频等网上的娱乐活动，如果成瘾了，今后在学习上、体能训练上，在发展其他才能方面，再把他拉回来，是一件很困难的事情。

母亲要有防微杜渐的意识，即在他还没有完全形成不可救药的"瘾"之前，我们要努力地去根除这种潜在的

43. "瘾患",不可姑息!

隐患。

从你的个例来看,目前孩子还可以完成自己的事情,还可以拿到好成绩,而且他好像在学习上也很独立。那么,母亲首先要欣赏他这些优点,鼓励他保持好的行为。

然而,学习成绩的"好"与"不好",并不与孩子其他方面的行为的"好"与"坏"等同与挂钩。也就是说,目前孩子的成绩好并不代表他可以无限度地玩电子游戏。反之亦然,要是他的成绩稍降下来一些,也可能是他在成长过程中的"休养生息"阶段,大人也不要找理由去处罚他。总而言之,孩子的学习成绩不应该是衡量其他行为的唯一标准。

其实,电子产品本身并没有"好"与"坏",合理使用可以扩大知识的信息量,也是与外界沟通的渠道。然而,孩子在使用电子产品的自控能力上出现了问题,那就不是件小事了!

玩游戏机的坏处有很多,它不只是浪费时间、影响学习,你会发现,孩子大脑的兴奋剂会在电子游戏中消耗殆尽,接下来做任何其他的事便无精打采。

诚然，不仅男孩子容易出现问题，家里有女儿的也要留意，如果孩子独自一人"宅"在家里，电子产品又随手可得，就好比把香蕉摆在猴子面前去考验它的耐性一样。这种来自各个方面的诱惑似洪水猛兽，怕只怕有那么一天，孩子已经悄悄地沉迷于网络色情了，那精神上的萎靡不振对他们的侵蚀与伤害，要比肉体上吸食麻醉更有过之而无不及！

许多成人之所以婚姻方面有问题，其实跟迷恋色情网络有很大的关系。

是我们把事情想得太过严重了吗？

以上的结论是一位叫Catherine的美国朋友在不同讲座中反复提及的。她是一位很有经验的社会工作者，在美国不但有着青少年心理咨询的硕士学历，在职业上，她专门针对"青少年对网络色情成瘾"做修复工作。

母亲要提前跟孩子讲好运用网络的目的和时间限定。切忌让孩子把电子产品，像电脑、手机与平板电脑等拿到自己房间独自使用。如果学习上一定要用，那最好是在大人监控的环境下进行，并一定要孩子在家里公共的地方来使用。即使孩子目前是听话的、负责的，又有谁能够保证将来不会有一天，坏的习惯悄悄地养成了呢？

43. "瘾患",不可姑息!

不知什么时候色情网络上那些乱七八糟的东西就会侵蚀到了他们的心灵。

有些家长说:"我一觉醒来,却发觉我的孩子一下子就变成了另外一个人。"

那么也许,在你熟睡的时候,孩子却在悄悄地变化着。

在实际操作上:

1. 规定范围:大人要与孩子双方达成协议,在双方都同意的情况下,设定孩子在什么情况下可以用电子产品。先讲好,如果孩子不能遵守"协议",大人有权收回电子产品。

2. 最好是在家里的饭厅、办公室等公共场所,在有其他家人走动的场合下,孩子才可以使用各种电子设备。

3. 孩子在睡前把自己拥有的所有电子设备交给大人。

4. 在技术上,安装网上过滤服务器以便摒弃一些不好的字眼。

5. 在内容上,家长要告诉孩子什么东西可以看,什么是不可以接触的。

6. 重要的是,家长有权随时检查孩子上网的历史!

在监管孩子上网的行为方面,母亲要表现出坚决的信心与果断的行为,切忌只是在嘴上啰嗦,甚至辱骂,结果却由着孩子我行我素。

还有一个办法也许更加立竿见影,那就是母亲尽快替孩子安排对体能方面有帮助的课外活动,鼓励他参加一些集体的娱乐活动,比如踢足球、打篮球,等等。只要孩子有了感兴趣的户外活动①,他也就自然而然地远离自己从前种种的不良嗜好了。

好像你形容的那样,孩子是"性格乖巧"类型的。这意味着,孩子在你们的教育下有尊重父母意愿的良好基础。好处是,他还在十一岁的年龄阶段,在听从母亲的话语方面比较有伸缩性。但母亲纠正孩子不良行为的时候要让孩子明白"为什么"的道理。重要的是,母亲要有明确的规范界限,即什么是孩子可以做的,什么又是母亲绝对不可以接受的。

在母亲跟孩子协商好了之后,在严格执行的过程中,母亲要把亲子关系放在第一位,任何伤害感情的事,即使看起来是"对的",其效果也不尽如人意。

---

① 请注意,家长不是又要孩子去上什么学科的网课作为惩罚。

43. "瘾患",不可姑息!

用爱来感化,是母亲成功育子的诀窍!

今日感言:

> 预,则立;
> 不预,则废。
>
> 先知先觉的母亲啊,
> 既未雨绸缪,又防微杜渐。
>
> 预,可行,
> 不需捶胸顿足;
>
> 不预,
> 似千里之堤,溃于蚁穴!
>
> ——雅典娜

44 育儿好比照看娇嫩的苗

✉ **提问** 谢谢麦博士关注,我详细讲述一下小孩的情况。

身体健康发育方面,兄弟俩在七八岁的时候身高差距不大,而到了十岁以后差距就很明显,哥哥长高的速度快到让我惊讶,弟弟比哥哥矮了 20 多厘米,很瘦,面色发黄,我很纳闷,两兄弟同吃同住同玩,怎么差距那么大呢?

有一年暑假,我跟他们商量后,给他们报了篮球兴趣班,想培养兄弟俩的兴趣爱好,他们的确很有热情,弟弟培训班毕业还拿了 MPV,我以为他们会喜欢,可是之后就没有坚持下来,可能是三分钟热度。

说说弟弟吧,弟弟是一个很自律的孩子,做事情很专注,比如放学回家,弟弟的首要任务是做作业,这点跟哥哥相反,而且他会给自己设定一个学习目标,然后做学习计划去完成目标。

他在吃的方面,就是吃饭不爱吃肉,不爱吃葱姜蒜,

44. 育儿好比照看娇嫩的苗

后来了解到是牙齿不好才不爱吃肉,因为小时候没好好保护牙齿,很多蛀牙,现在还在换牙期,牙科医生也看过,建议换完牙再看看情况,我和先生每天提醒他一定要好好刷牙,要保护好牙齿,但我发现他每天也刷牙,可是刷两下就完事了,这怎么办呢?我认为他吃不下肉跟牙齿的健康有很大关系,其次是脾胃虚弱,吃下去的东西运化不好,所以营养吸收不了,身体发育就不好。我每次做饭都想怎么样才能让他多吃一点。他自己也有意愿要长高长胖,每天打满满的一碗饭,可是怎么吃也胖不起来。另外就是他有过敏性鼻炎,每天打喷嚏,我每天晚上给他薰香,一周做一次细胞律动,希望他能增强体质,长高高。

麦博士,我是不是太操心啦?心里想着他就难过,总是觉得自己照顾得不够好,导致他发育不好,不知道该如何处理了呢?盼复!

回复 我猜你的两个儿子现在是在十一岁和十二岁左右?我想,每日调理饭食是你目前最大的挑战?每一天,如果两个孩子都吃得好了,别提你感到多欣慰了!每一天,你都观察老二体质的变化,总觉得他长得不够快。

好一个爱之深,却责之切的好妈妈!

其实,从你形容的情形来看,你的两个儿子都备受母亲呵护，健康快乐地成长着呢。你真的不必太过内疚，太过担忧！

十一二岁的男孩子们，天知道为什么老大长得快，老二就慢了点呢。等有一天，说不定，老二忽然"长高和长胖"的愿望实现了，甚至超过哥哥了呢！

我不是营养学家，对食谱也没有太多的研究。但是，我身边的朋友们，有全家都是素食者的，孩子们也都很健康，女儿还是校队田径的长跑队员。所以，我认为，孩子不喜欢吃肉，并不是问题，你可以每天给他补充"多种维他命与钙片的混合片"，并在食谱方面增加其他谷类与蛋白质类的质与量，比如，谷物杂粮、豆浆、蛋类、牛奶，只要是他能接受的、喜欢吃的就行。

你这位聪明的妈妈，等孩子长大了，你都成了家庭营养师了！也许，这也是生活乐趣的一部分吧。

我本人特别不主张在吃的方面去强迫孩子一定要吃这个，或逼着他要吃完那个，否则就后果自负。

其实，孩子的心理健康比起长高长胖要更加重要，每天在自由的气氛下，随意吃一些自己上口的食物，这在情感上是有益无害的。当然，我们也不要在家里存放"垃圾食品"，具体的定义要根据自家的文化习惯来决定。

44. 育儿好比照看娇嫩的苗

我观察到身边的一些亲戚和朋友们，他们家庭的饭桌就是一个"战场"：妈妈"命令"孩子一定要吃什么，并在什么时间内圆满地完成任务，好像吃饭这件事是"服从与否"的标杆，或母子之间"权利的游戏"。

还有些祖辈们，对孙子们在"吃"上一定要得到最大满足。因为，看着孙子辈们能无限量地吃东西，能够平复自己对"饥饿"的记忆。

父辈们在理念上，也有着对食物的眷恋，因为自己不喜欢浪费食物，于是就逼着孩子一定要打扫好战场，不允许碗里留下任何渣痕，无论如何都要孩子呼噜呼噜地收尾，岂不把孩子的胃变成了一个兼收并蓄的垃圾站了吗？

你这位聪明的母亲，还是不要每天都盯着老二的身高或体重吧。

本来人家老二自己觉得"没什么"，可是如果大人们总是谈论得像是"他身体有什么了"，那他也觉得自己真的有了问题，"难道自己在体能上真的是天生不足，跟不上别的孩子？"

其实，孩子的心理压力愈大，就越发影响他的生长。

退一万步来说，你有了体质弱的孩子，那也没什么了不起。我们也不知道为什么同一个娘肚子里出来的，"彼"与"此"在长相上和体能上却相差甚远。

实际而言,也不见得那个看起来不太强壮的老二就一定会落单了。凡事都有互补的道理,有时候,表面上看起来的弱者其实可以受到更多人的关爱及眷顾。①

正如你所描述的,"老二对学习很自觉",也许下意识地,他想努力地向自己和他人证明,学习是他自己可以把控的事情。

至于在运动方面,我们当然是要鼓励他。无论孩子的体质强与弱,个人的身体锻炼或是参加集体的体能训练,对孩子来说都是极好的事情!

这位母亲是对的,你已经给孩子安排了一些集体运动项目,虽然他们没坚持打篮球,但你曾给他报名他喜欢的运动项目,那就很好了!母子可以继续寻找与更换不同的项目,直到孩子感兴趣并想继续发展下去为止。

据我所知,大公司的人事部门都喜欢聘请一个具有团队精神的人,他们想知道所聘用之人是否在高中时代就喜爱集体运动。人们相信,在参与那些运动的过程中,一个孩子真的能够学到,"团队精神②就是把集体的利益放在个人的荣耀之上"。

---

① 请参考《写作的困难》。
② 请参考《体能与自驱力》。

44. 育儿好比照看娇嫩的苗

孩子最终长得高与不高,体质强与不强,都不是你这个爱得太深的母亲所能控制的。只要尽力了,无论结果如何,我们都快乐地去"计算恩典"吧!

今日感言:

"育儿"好比,
照看着娇嫩的苗。
为了滋养它,
去挖渠、去除草。

切记,
渠,挖得太深,
草,除得太过;
就好比,"拔苗助长"之错?

倒不如,
坦然地等待,
那一刻,
"水到渠成"的结果。

——雅典娜

45 | 相信孩子的内在力量！

✉ **提问** 麦博士您好！我是 L.Y。女儿十二岁，念初一，晚上下课回家经常先看电视（我和她爸在基本上不同意，我俩都不在她就会偷偷看）。要到快 8 点才做作业，今晚 9 点多出来，说："妈妈，我做完数学作业了，是不是很快？"我内心没法认可她，没法肯定她。内心的声音是："用了一个多小时，将近两个小时才做一门作业，这得做到什么时候啊？这还快吗？"之后就是提出让她看看要不要规划好后面的时间。从结果来看，她并没有规划，还说刚才她吃水果的时候正规划到一半，我却让她去洗澡了。到了 10 点多，她吹好头发，还说要看 5 分钟课外书，我问："你计划几点睡觉啊？"（内心特别焦虑她睡眠不足，明天还计划早起补作业。）喝牛奶的时候也在看书，我问："你打算几点睡啊？你 10 点还没准备睡，我已经很焦虑了，现在你还有小内和刷牙，ok 镜没带；10 点半我就更焦虑，都快疯了。"她说："10 点 35 分吧。"事实上，10 点 38 分她仍然没有关灯，我说："你根本没有规划啊！"她

45. 相信孩子的内在力量！

说："是你让我 10 点 35 分睡的。"

虽然内心有声音，说要划界线，让孩子有更多的自主权，让孩子掌控自己的生活，相信孩子内在向上的力量。但真的好难，又担心她的学业，又担心她的身体。除了共情自己，和自己待一会儿，目前好像没什么办法了。心不安，难给支持，给出的都是担心、唠叨、指责。

回复 L.Y，首先我很感谢你的坦诚，能够发自内心地表达出每一分钟的焦虑不安，以及描述"唠叨"和"指责"孩子之后所感到的内疚。你对女儿那种细腻的爱是令人羡慕的。

有意思的是，从你的描述中我好像感觉到你女儿一定是个很可爱的小女孩，她既快乐又淡定！

"让孩子有更多的自主权"是母亲的渴望。可是，女儿的这种"自主权"不是每 1 分钟都在母亲的监管之下，连看课外书 5 分钟的自由都要去争取。当女儿觉得自己终于解决了数学问题而感到欣慰地自夸时，母亲要马上接龙过来，趁机表扬她对自己的肯定与自信，切忌在心里"判断"她"自以为是"。母亲打心眼里对孩子的赞许才能在"不经意"的时候流露出来。

知己知子

昨日,"一问一答"群里的 Nian.X 借用了一个蛮好的句子:"蒙台梭利博士说:'儿童不会自己判断自己,他是以别人对他的态度来判断自己的。'"这句话,目前用在你的情况上,是可行的。

请注意,通过大人的态度,孩子感受到了对自己的"判断",其正面因素只适用于儿童时期。对大一点的青少年来说,我们会建议他们不要被他人的态度所左右,而首先要相信自己,从而能够正确地去判定自己。①

十二岁的女儿已经快要步入青少年时期了。请看,她与妈妈的关系非常密切,什么时间"小内"都"心有灵犀",这种母女的亲密关系真令人羡慕!毫无疑问,妈妈发自内心的"认可"与"肯定"一定将会是女儿独立自主的关键。

令我担心的是,还没等孩子内心变得强大呢,妈妈就已经焦虑地倒下了。难道,"女儿的身体健康和学业成绩",不应当是她自己要去追求的事情吗?母亲无论如何着急,都无法"替"孩子健康,去"代"她取得好成绩。母亲可以做的,是尽可能提供一个良好的环境来辅助女儿。

---

① 有关"青少年要相信自己,不要太在意其他人对自己的评价"等话题,我们将在其他文章中展开。

45. 相信孩子的内在力量！

这良好的环境包括母亲一个肯定与赞许的眼神,或当孩子做错了事之后,母亲一句宽容的安慰。

L.Y,你是对的,是要帮助孩子规划一下她的作息时间表。最好是在她没有压力的情况下,提前找时间来商量。让女儿觉得,"这个作息表不是在妈妈的压力下炮制的,是由她自己参与制定的"。

而在女儿每一分钟都算计着花的时候,妈妈还是先把"规划"暂且收着,耐心地等待那心平气和的美好时刻到来！

今日感言：

> 剥离出来吧,
> 母亲！
> 孩子是一个自由的"个体"。
>
> 只有尊重了这个"个体",
> 母亲,你自己,
> 才能获得真正的"自由"！
>
> ——雅典娜

46 偷看孩子的信息是否有益？

✉ **提问** 谢谢你的鼓励,我儿子今年十四岁,青春期,叛逆得不得了。一天到晚就想玩手机,一般我都把他的手机收起来,星期六才拿给他,但他每天写作业都要拿我的手机,问他就说他看作业,其实我已经发现他是在聊QQ,但我也只是提醒,没有揭穿他,因为有次看了他的QQ,他就不依不饶地说我侵犯他的隐私,跟我大吵大闹的。还有主要是我发现他有早恋的现象,因为经常有小女孩写情书给她,但我又不能跟他说被我翻到了,从侧面问他,他都是说没有,导致他现在根本没把心思放在学习上,每天班级群"没写完作业"的名单里都有他的名字。我真的是头疼,不知道老师有没有建议如何跟他交流。现在他已经大了,所以一般都不会动手打他,但每天都要跟他说好多道理,也许他根本就没听进去,只不过就是嘴上答应而已。其实现在我很后悔他小时候淘气了就动手打他,而且打得非常厉害!我现在很忧郁,他何时才能醒悟。

46. 偷看孩子的信息是否有益？

回复 与从前不同，当今的孩子们所面临的挑战很大程度上是媒体的诱惑。因此，十四岁的孩子处在青春期，迷恋手机游戏、无谓地刷屏、利用聊天的方式早恋等情况屡见不鲜，发生在很多家庭中。

孩子已经十四岁了，从前大人没有意识到的事情，现在与其懊悔，倒不如找寻一些新的契机来了解一下目前孩子的叛逆心理。

（1）"一般我都把他的手机收起来，星期六才拿给他，但他每天写作业都要拿我的手机。"

从你的描述上看，你的儿子还是挺听话的。他目前不好的行为就是没有按时完成功课，还有可能在谈恋爱？

（2）"因为有次看了他的QQ，他就不依不饶地说我侵犯他的隐私，跟我大吵大闹的。"

孩子似乎最在意的就是他的个人隐私权，那么也许从此入手，母亲答应要尊重儿子的隐私权，但条件是他也要答应按时完成功课，并且明确告诉他要对母亲坦诚地探讨其"早恋"的行为。

（3）"其实我已经发现他是在聊QQ，但我也只是提醒，没有揭穿他。"

看样子，作为妈妈，你还是很顾及孩子的自尊心的，那是你的伟大之处！它有机会让你们的母子关系建立在彼此尊重和信任的基础上,共同克服其他难题。

可否从现在开始建立一个好的家庭传统——静下心来,跟孩子促膝长谈,目的是要走进儿子的内心世界,倾听他的所思所想,达到"知子"的境界。

我们知道,一个十四岁的男孩子在成长过程中,他身体的发育像是一匹脱缰了的野马,不受控制。从心理层面上来看,那个年龄段的孩子开始有了与父母剥离的独立意识,有对强权势力挑衅的欲望。他不断地在寻求个人身份的象征。

那么,母亲要先行一步,谦卑下来,从新的角度重新认识和理解孩子。

所谓母亲的"谦卑",就是要承认从前自己种种的教子方法确有不足。比如,你本着"打是疼,骂是爱"的初衷,从前动手打孩子的那种"体罚"是错误的,如今你意识到了,"动手打人"就是强权压制弱小,是不可取的。

试想,母亲的这种谦卑的认错难道不会引起孩子内心的一丝感动?答案如果是"是"的话,那就是一个很好的开端。

下面,我们来探讨一下:

(1)家长是否有权利看孩子的日记或手机信息呢?

46. 偷看孩子的信息是否有益?

（2）偷看孩子的日记和手机，是否属于侵犯私隐权？

其实，这个答案是由个人家庭的文化来决定的。

本人认为，母亲可以要求孩子给你看，但不可以偷看，因为那会破坏孩子对母亲的信任。如果母亲真的担心孩子目前的状况，可以要求孩子允许大人抽查自己上网的历史和手机的信息往来。

在心里，重要的是母亲要绝对地信任孩子，即使孩子背着你做了一些错事，母亲可以选择"不知情"而给予孩子一个喘息、思考、自我反省的改正机会。

有时候，孩子就是因着来自母亲的那份信任，而决心不令她失望。在最考验孩子的时刻来临之时，他对母亲的那份敬畏才能够令他"悬崖勒马"！这也就是我们之前所提到的，母子之间的爱是根本，要正确地在互相之间传递。

青少年一时兴起跟朋友们信息交换中（或日记中）所说的话，真的就是他们品行及观念的代言吗？事实上，那也未必！他们在心情沮丧时说过的话，转眼间连他自己都不太记得了，然而，母亲所看到的"胡言乱语"，却可能根深蒂固地存留在脑海之中。

处于青少年期的孩子需要找到自己内心的一片净

土！记日记或跟朋友表达一下心中的感受（即使有丝丝的爱慕之意），那也是一种情绪宣泄的出口。如果被偷窥、被母亲秋后算账，那他就有"被侵犯"的感觉。

说说我们家的孩子们吧。由于文化习惯的原因，在我们的孩子们看来，父母偷窥孩子日记是"绝对不道德的行为"！

我们做父母的与子女双方达成共识，来决定有关此类界限的范畴，即哪些是属于他们的隐私权。如果我们同意了，双方就得守信用地去维护。

那时，孩子们的日记本每天都半开着地放在书桌上，可是我们从来没有萌发去触碰那不容置疑的基本原则——"不偷窥孩子的私隐"——的念头！

如果孩子可以接受母亲读自己的日记或信息，双方有了共识，那也不是问题。但是，母亲一定要想好，当你看了孩子的日记之后，你是否愿意承担后果？因为，母亲很难不因孩子一时冲动时写下来的话而感到担忧，从而给孩子钉上一个"叛逆"的标签，打那以后，时常会用他们在特种情绪下所说的话作为证据来指控他们。

46. 偷看孩子的信息是否有益？

俗话说，母亲怎样看待孩子，她的孩子就将成为她所期望的那样。在母亲的眼中，孩子是诚实的，那他将可能成为一个诚实的孩子！

然而有些特别的情况，比如孩子有自杀倾向、吸毒的问题或性方面有隐患，那要找专家去帮助你们分析具体的情况，提供处理方法。

我们总结一下：

1. 母亲要留一些私人空间给青少年时期的孩子去探寻自我，以及自省悔改。

2. 让他的心中有一片净土，自由地去表达心中所想。

3. 母亲可以跟孩子商量着界定私人空间的界限——哪些属于"介入"与"干涉"。协议达成了，双方就要信守诺言，不能逾越。

4. 母亲有权利规范孩子使用电子产品的时间及内容，有义务了解并检查发生在孩子周边的事情，并在"留空间"与"监察"两者之间找到一个适合于你们家庭文化的平衡点。

以上仅作参考，希望你有自己独特的解决方案并最终得到更好的收益。

知己知子

今日感言：

儿子的"独白"

倾听，
一个飞快地成长着的"我"的呼叫！
我内心的一片净土啊，
母亲，请不要去寻找。

您找到了它，
就失去了"我"！
您侵犯了它，
就践踏了"我"！

——雅典娜

47 感化"成瘾了"的孩子

✉ **提问** 麦博士,我同事的儿子现在在读初一,小孩子喜欢玩游戏,上瘾,费了好多钱补课,效果也不明显,孩子学习不是很主动,为了这个问题,手机都摔坏了,同事气得都控制不了自己的情绪,该怎样处理亲子关系,感恩!

🌳 **回复** 冰冻三尺,非一日之寒,既然孩子已经养成了坏习惯——"成瘾了",母亲就得花稍长一些的时间,用极大的耐心与爱心来帮助孩子了。

还好,孩子年龄还小,在成长的过程中,他对事情的看法还依赖于母亲。

因此可以试试母子谈心的妙处。

母亲要提前跟孩子预约,让孩子自己挑选时间及地点,甚至于让他选择最令他放松的谈话方式。比如,如果儿子喜欢骑车跟妈妈去郊外远游,那就陪着他一起去,在郊游的路途上随意地聊天。

促膝谈心嘛,母子双方是坦诚的,态度是平等的,说话的语气是缓慢的。母亲首先可以做一个好的榜样，谦卑下来，放下身段。比如，首先承认从前为了养家糊口，没有留意到儿子心理上的需求。那现在呢，非常希望能理解孩子的想法，支持他的理想和抱负。

通常情况下，孩子会觉得自己委屈，因为他自己也不知道从什么时候起就不得不用电子游戏去填补自己的空虚了，或者他觉得是受到了周边朋友的影响而加入了电子游戏类的社交活动，当然有些小伙伴们整天所谈的除了游戏就是游戏。

请留意，任何时候，只要是孩子开始了"抱怨""埋冤""找理由""提条件"了，那就是母亲的好机会！至少，孩子是有意愿沟通的，更希望能够被理解。所以在这个时候，母亲千万别打断孩子的"哭诉"或者"狡辩"，让他尽情地哭个够，抱怨个够，让他把所有的"苦水""脏水"都泼出来，甚至于孩子是有意地泼到了大人身上，那又如何呢？母亲是成人，应当完全掌控这种谈话所应产生的效果，那就是：跟孩子搞好关系，然后用爱来感化他，从而约束他不好的行为。

谈话预期的结果是母亲跟孩子一起设定目标，双方达成协议。举例来说，如何减少上网的时间？原来他玩三个小时的电子游戏，那么现在就减到每天两个小时的量，一周后，再减半……直到他自己都觉得，其实玩游戏是浪费时间而已。

这种目标的设定不应该完全是来自母亲单方面的。最理想的状况是,孩子自己有愿望、有决心去做一个改变,然后去不断地体会并调整可行的具体办法。母亲对孩子所设定的新目标要予以肯定,并帮助他在执行的过程中循序渐进地完成,只要是稍稍见到点效果,就要极力地鼓励他,即使刚开始时可能达不到母亲的期望。

"旧的不去,新的就不来!"孩子找到了新的兴趣点,他心中就能燃起希望。

母亲帮助孩子在课外活动上下点功夫,按照孩子的要求和兴趣重新安排他的时间表。看他是否有意愿在某项运动或艺术方面做一些尝试,比如让他参与一些集体活动,像踢足球,或者参加乐队等。只要是他感兴趣的,投入进去了,当然他就会渐渐地把电子游戏忘在一边了。

请注意,替代游戏时间的项目,一定不应该是他不喜欢做的事情,比如补习文化课、练习钢琴等。试想,大人不让他玩电子游戏,却让他去补习功课,那种落差可能令他一时难以接受。

我们都知道,凡是跟大脑有关的活动,都是个循序渐进的过程。等到大脑被训练得领受了新的体验,才能忘却从前不愉快的感受。重要的是,孩子在母亲面前被信任了,被肯定了,他也一定会珍惜并努力地去维护这种关系。

母亲在"知子"的过程中也要完善自我,在态度上谦虚了,跟孩子讲话的语气柔和了,对孩子的错误理解并包容了;那么,金石为开,孩子一定会被母亲的爱所感动,而愿意去做最好的自己!

今日感言:

> 孩子的"心"受到了感动,他才有愿望去改变其不良行为!
>
> ——雅典娜

48 做"第一个敢吃螃蟹之人"
——谈家长如何争取孩子的睡眠时间

✉ **提问** 上初中开始,孩子变成我们家里晚上最忙的人,不知不觉地,大部分日子他都要晚上11点半才能睡觉,第二天早上6点半起床,无神的眼睛、疲惫的小脸,心疼!

只有我一人在家长群里呼吁,提出作业需有总量时间控制的机制(但无老师和家长回应,因为觉得晚睡正常),也和孩子沟通并通过奖励想办法提高做作业的效率,在时间不允许的情况下"不做你认为不太重要的功课"。孩子在体制内,听老师话、按时交作业已经变成习惯思维。他还是班长,怎么可能不交认为不重要的作业呢。

现在的状况是:学校、老师都不认为晚睡是问题。我从孩子层面想去解决"缺觉的一小时",发现他并无动力,但我坚持认为10点半睡觉很重要,每天晚上我都能听到自己催促孩子的声音和无奈的叹息。效果可见一斑。

请教麦博士,这是个无解的、不能改变的事实吗?我要说服我自己接受吗?

回复 你的表达很细腻,好像我听得到你每天晚上"催促孩子的声音和无奈的叹息"。

难怪你感到困惑与无奈,因为"孩子在体制内,听老师话、按时交作业已经变成习惯思维"。

你这个妈妈对孩子很理解并寻找各种通融的方法,"和孩子沟通并通过奖励想办法提高做作业的效率,在时间不允许的情况下,不做你认为不太重要的功课"。并且,你还在家长群里呼吁孩子的作业需有总量的时间控制机制,坚持孩子10点半睡觉的重要性。在这里,我为你的领悟力与领导力点个赞!

本人认为,孩子的身心健康应该是第一位的。"身"就是身体上要保证其机制功能正常。长期缺觉对孩子来说不但影响正常发育,久而久之也将影响他心理的健康。

这里讲的"心",可以是孩子(和家长)对这件事的纠结处:机制的恶性循环、无谓作业的规定、作为班长的责任感、妈妈的无奈、其他人的随波逐流……

其实家长们都能意识到:为了完成老师们无休止的、不必要的功课而牺牲孩子们的睡眠时间,长此以往,

48. 做"第一个敢吃螃蟹之人"

对孩子们的成长是百害而无一利的。

但本人认为,这不是一个"无解的、不可改变的事实"。

如果您是一个很会处理关系的妈妈,在心情平静的情况下,在深思熟虑之后,你可以尝试着走正常程序,首先向班主任老师提出建议:"过多的、不重要的功课是否不应该留给学生?"如果班主任老师本人也觉得在系统之内不得不留给学生过多作业的话,那你跟校方提出时就容易得多了。你的目的首先是为自己孩子谋福祉,帮助孩子走出困境。

由于你儿子在老师和同学面前有很高的信任度,那他的困境也许会被重视。底线嘛,尽量别撼动孩子在老师和班级其他同学面前的诚信,更不能让做班长的"小领导"位置受到撼动。

通常,学校不太喜欢事情没搞清楚之前,家长就联合他人一窝蜂地提出要求。

有个电视连续剧《小舍得》里的田雨岚就犯了这个错误,她随意地在微信群里联合其他家长去整治老师,而且用对人不对事的方式要求开除老师。明智的做法是家长先找老师私下谈谈,看是否可以"内部"解决。

目前我们所谈的并没有针对某个老师的个人行为,

而是对学校的机制与所持的教育理念有所探讨。

面对体制内的学校,个人的力量似乎微不足道。有些情况下,有其他家长的支持也是很重要的。只要是对自己孩子和其他孩子们的福祉有益的事情,我们应该当仁不让地去争取!

试试具体办法:

1. 做些调查,列个表格,看看其他孩子的平均睡眠时间。

2. 从睡眠学科的角度来分析利与弊,比如,同学家长中有当医生的,他们可以从小孩子晚睡的不良后果方面着手列举证据:"晚睡的话,孩子自身免疫力下降;晚上10点至凌晨1点,是孩子分泌长高不容错过的激素高峰,否则,长时期缺眠的话,将使得孩子的消化功能减弱。"

3. 如果大多数家长都认为某个老师布置的作业太多,那你可以做代表跟具体科目的老师个别谈谈,让他知道随便留作业会给孩子带来的负面后果。

4. 谈的过程中,请"对事不对人",让老师们觉得你们是从孩子睡眠的缺失、影响健康的角度来看待问题的。一定要相信老师也有注重孩子的身心发育,愿意在自己的业绩与学生的成绩上有一个平衡。事实证明,孩子们在哪个班上轻松了、快乐了,跟哪科老师的关系好

48. 做"第一个敢吃螃蟹之人"

了,他们就在哪个科目上有愿望做到他们能做到的最好!

你这位勇敢的母亲,做第一个敢吃螃蟹之人吧!

我能看得出来,你是有领袖才能的,所以你儿子也一定是个认真负责、称职的"小班长"。如果,一切是从"救救孩子"的观点出发,我想终究有一天你美好的愿望将会实现。

在此过程中,你可以选择跟孩子(不知道他/她的年纪)一起分享感受,让他知道事情的过程与进程,那样透明的沟通将令孩子更有安全感。

如果事情有好的成效了,那你孩子一定会以母亲为荣!

说不定对他来说,这将是一个很难得的经历,为他/她长大了做"改革家"积累了宝贵的经验!

今日名言:

> 第一个敢吃螃蟹的人是很令人佩服的。
> ——鲁迅

49 孩子迟到是谁的责任？

✉ **提问** 早上好！我有一位伙伴，女儿十三岁，在别人眼里，女儿非常优秀，是品学兼优的孩子。不过，妈妈也有困惑，因为妈妈性子急，女儿性子慢，每天上学，妈妈都希望孩子快点，因为去晚了，孩子交不了作业，妈妈认为这样给老师造成了工作上的麻烦，老师以为孩子没写作业，会核对并跟家长沟通。而女儿认为，我没有迟到，我算着时间呢。有时候妈妈会生气地说，超过了这个时间点，让你爸爸送你吧！

妈妈苦恼的是一个急性子的妈妈怎么和一个慢性子的孩子相处。谢谢博士指导。

🌱 **回复** 看了几遍你的问题，觉得好像这位母亲把孩子迟到之事看得很重。在迟到这件事还未发生之前就预期将会产生不好的结果。也许她下意识地在这个问题上，有一种焦虑感？

49. 孩子迟到是谁的责任？

以前我对孩子早上上学前的焦虑感是通过另外一种形式表现出来的。虽然我对孩子迟到的现象不那么重视，但是如果家里的某个孩子总是吃不上早餐，在去搭校车的路上边走边吃早餐的话，我就会十二分的不满意。原因是我实在接受不了一个"还没发生，但终究会发生的事实"，那就是，孩子在吃过东西之后，满嘴的牙缝里都塞着东西，一整个上午都是如此，我认为那样对他们的牙齿健康相当有害。因此，我便极为注重他们是否在家里吃好了早餐，刷干净了牙，然后再赶去搭校车。

这位妈妈你看，我们每一个人在不同的事情上都有这样或那样的焦虑感。因此，我们说母亲要"知己"——知道自己对哪些事情是可以忍受的，又有哪些事情我们当下还不可以忍受。于是，让孩子尊重母亲的感受是很重要的！同时，母亲尽量控制自己，不要将自己的焦虑感传递给孩子，令孩子身心不宁。

现在回到这位母亲的难题上来，好好地探讨一下母亲如何不再纠结女儿迟到这件事。

母亲不让女儿迟到的原因是为了女儿不在学校受委屈，怕迟到的事令老师给她"穿小鞋"。在母亲的概念里，"母亲总是知道，什么对女儿才是最好的"！当然，如果这种爱的方式传递对了的话，母亲就不会困惑了，女儿也会按照妈妈的预期时间、妈妈的行为方式去做事

知己知子

情了。

我们来分析一下，一个十三岁的孩子什么时候起床、刷牙、洗脸、吃早饭、上学，这应该是谁的责任呢？是女儿的，还是妈妈的责任呢？

如果没有把"上学不迟到"的事情放进去，我们可能会毫不犹豫地说，"这当然是孩子自己的事情呀"。

那么，什么时间到学校，用什么方式跟老师相处，又是谁的责任呢？

我们会想，"那都是在学校里的事，当然是孩子自己负责如何跟同学们相处，跟老师们打交道喽"。

那么，孩子早晨上学是否掐着时间进教室，是否也应该由孩子自己来决定呢？到这个关键点，我们觉得，也许真的应该让孩子自己来决定吧？！

我们再想想，孩子上学还没有发生（太多次的）迟到这件事，母亲如果预期女儿"会赶不上"，"会被老师指责"，"老师会找家长的麻烦"等，这岂不是暗示了自己对女儿的能力不那么信任？请别忘了，女儿可是"在别人眼里，非常优秀，是品学兼优的孩子"！

即使女儿偶尔迟到了，也没有什么天大的了不起。青少年嘛，没睡好，或情绪上稍稍懈怠了一下，早上赖赖床，那也很正常，母亲还得想方设法地去找理由来安慰她呢。

49. 孩子迟到是谁的责任？

然而，在"迟到"还没有变成女儿的日常习惯之前，我们是要防微杜渐的。

跟女儿事先协商好，比如迟到超过了三次，母亲就有权力暂停两天她的一项爱好。请注意，在实际操作中"罚"她的时候，只是针对她"迟到"的这件事，但千万不能否定她还是个优秀的孩子！

请注意，在行动上，我们要赏罚分明，但不要在语言上严词厉色，目的是确保她的自尊心不受到丝毫的伤害。

现在换一个场景，我们说一个十三岁的孩子上学迟到是她自己的事，那么假设全家人要去看芭蕾舞剧的话，母亲是否任凭孩子来决定出门时间或到达剧场的方式？那当然不行！全家出门，女儿的行为会影响到其他人，那就不是以她的个人选择为前提了。这个时候孩子需要尊重大人的决定。

同时，大人的位置要摆正，要事先告知女儿什么时候出门，乘坐什么交通工具，要提前多久到达剧场等，所有一切应该按照母亲喜欢的方式和方法去执行。这也给孩子提供了一个最佳时机，让她清楚地知道如何尊重母亲的意志！

理论上讲，未必急性子的母亲就跟慢性子的孩子相处有困难。有些时候，性情不同的母女，像"阴"与"阳"一样互补，反而相处得和谐无比呢。关键是，处于主导地位的母亲怎样去换位思考,然后愿意付诸行动来改善种种令自己苦恼的事情。

传递爱,有时候是需要有牺牲精神的。母亲如何克服自己的焦虑感①,而不要把它投射到女儿身上;如何克服自己的急性子而顺着孩子的慢性情来,按照她的时间表行事以表达对女儿的信任;如何不在意老师会怎么负面地去看待家长;如何在朋友们表扬你的优秀女儿之时也表示十二分的赞同;如何在不久的将来,在"迟到"这件事真的发生了之后,摒弃自己的偏见(即使妈妈总是对的)而去安抚内疚的女儿;当女儿遇到大事而自我怀疑之时,母亲又如何毫无保留地提供安慰。

今日感言:

> 激烈的母爱啊,
> 像一团火焰,燃烧!
>
> 有时,孩儿却需要
> 那丝丝的雨露,滋养!
>
> ——雅典娜

---

① 只是对"迟到"这件事而已。

50 耐心换来的甜美！

✉ **妈妈的回应** 看了上一篇的问题，有一位妈妈发来了自己的经历：我家也面临过类似情况。每天早上、各个环节，都要人去催促，否则孩子就放任自己发呆，干别的，好像上学不是她的事情，而是我的事。父母的越界代劳，变成了理所当然。后来，我跟她商量确定具体的细节，起床、穿衣、喝水、吃饭等都拿出来商量，尊重她，由她做决定，哪些不用我插手，哪些需要我协助提醒。这个过程中她当然会重蹈覆辙，我要控制住焦虑的心，过了几天，复盘早上的哪些行为可以快一些。给她时间去适应，去自觉要求自己。

最后有一个环节她始终做不好，那就是叫她起床，她总是穿一件衣服，躺下，穿一件衣服，又躺下，如此反复，浪费时间。我想，与其说教（说教也不管用），不如找方法。我问她穿衣服是不是有什么障碍？她说她就想多躺会。我说那好，我每天叫你起床，你醒了，可以躺一会，需要多久，她说两分钟，我说给你五分钟享受，可以伸懒腰，可以舒服地打滚，然后起来穿衣服，就不能再次躺下。这样愉快地达成了共识。起床也不难了。一件事做起来如果遇到困难，一定是方法错了。我总用这句话勉励自己，避免自己陷入情绪当中。

回复 感谢您的分享！您的感悟让人充满了希望。

我看到群里总有关于孩子早晨上学前的困惑，母亲是如何紧张而焦虑地唤醒孩子，准备早餐，照顾着他们穿厚薄相间的衣服，然后争分夺秒地赶去学校……又如何从紧张和焦虑的负面情绪中走出。

我想起了一个麦家庭的小故事。

小女儿连西在上小学四年级的时候，有一段时间，每天早上她从起床、穿衣、吃早餐到背着书包去搭校车，都举步维艰地进行着。校车的保姆（bus mother）很喜欢连西。那段时间，校车的司机和保姆跟车上的孩子及家长们经常发生一些矛盾，那时他们就会请连西做小翻译。连西不仅可以解释校车的各种规矩，她还提醒一些孩子要尊重为他们日日服务的司机和保姆。

难怪，每天早上当连西搭校车稍稍晚了一点的时候，司机和保姆都东张西望地，生怕拉下了她。如果远远地见到了连西的影子，他们就想方设法地磨蹭，换着法

50. 耐心换来的甜美！

子缓缓地开。

有一次，有位印度妈妈来找我抱怨："你的女儿，几乎每天都晚个几分钟，司机和保姆从来都很耐心地等她。不公平的是，我孩子晚了那么一点点，一路小跑地追校车，但他们好像故意看不到，头也不回地扬长而去了。"

我听到那位妈妈的话，心想："怪不得连西还没有从迟到的事实中学到教训呢，原来是校车的司机和保姆在'惯着她'！"于是，我回答说："麻烦你告诉校车的司机和保姆，到了点，他们就应该开车，可千万别特意等连西。"那位妈妈听了我的话，一脸的错愕。

不知道有多少次，我都要不停地看着表，心急火燎地催促，结果她还是错过了校车。有时，我开着小车去追赶大的校车，先是兜着圈子在园区里追校车的屁股，后来甚至要追到高速公路的档口……那围追堵截的情景可别提了，越演越烈，真够刺激的。

最糟糕的是，基于上述的缘由，我嘴里也说出了特别不好听的话。然而，从女儿上了校车的刹那开始，我便一整天都在懊悔自己的所作所为了。

后来，我参加了一个有关行为的"惩"与"奖"的讨论会，领悟到了许多自己从前错误的想法与做法。自从那以后，我便下定决心要改变这种状况。

那天，女儿觉得奇怪了，为什么今天早上妈妈好像不太着急了呢？她没有听到妈妈的敲门声、催促她的喊叫。早餐嘛，也是摆在那里，随便她什么时候下去吃。

我表情淡然，好像赶校车是她的责任，跟我关系不太大似的；同时，我也暗地里观察着女儿。有趣的是，妈妈不提醒她时间了，她却自己不停地在看表。结果，早饭也吃得不那么慢了，刷牙的速度也加快了，然后她匆匆忙忙地背着书包，喊了一声"Bye，Mom!"就一路小跑地去俱乐部赶校车了。

只可惜，那天她还是迟到了，校车刚刚走掉。她只好又跑了回来，马上来找我："妈妈，校车走了，你可以送我去学校吗？"

我看了一下表说："好吧，这次我可以送你，可是我们要讲清楚，下次你要是再晚了，我可不愿意开45分钟的车去送你，然后再花45分钟回家。那样的话，我一上午的时间就不清不楚了。"

那天在去学校的路上，我们两个谁也没有再提起早上迟到这档子的事，却随便地聊了聊别的不相干的趣事。

遗憾的是，第二天，连西又迟到了，校车又走了，她又回来了，然后又要求妈妈送她去上学了。但是，那次，我没有答应。我说："我们两个说好了的，你迟到了，就不用去上学了。在家休息一天也没什么了不起的，我去哪里，你就跟着来呗！"

50. 耐心换来的甜美！

那天，连西以为妈妈会一整天都不高兴，一定会找话题提到她没上学这档事。可是，她又猜错了。妈妈真的认为，"反正女儿在家一天，就好好地'亲子'一番吧，机会也是很难得的喽"！

于是，我带着连西去买菜，会朋友，中午，我们两个还去吃了顿大餐呢。

当我的朋友们（妈妈们）问起："你女儿今天怎么没上学呢？"

我就回答说："没什么，她今天累了，想陪妈妈逛逛街。"

其实，那段时间连西经常赶不上校车，然后她就开小差，逃学。

终于有一天，连西问："妈妈，我要是总这样不去上学会怎么样呢？"

我假装不经意地回答："那也没什么，大不了你就'蹲'上一个年级，重新再读一年呗。你是知道的，学校有规定，如果你一年里上学的天数不太够的话……"

她听了，站在那里不走了，说："我才不要重读小学四年级呢！"

打那以后，连西每天晚上就提前拿出要穿的衣服，第二天自己早早地起床，很快地吃了早饭，在门口抱抱妈妈，然后就一路小跑地去俱乐部赶校车了。

从小学五年级开始,她的出勤率都相当高,迟到或旷学再跟她挂不上钩了。那样,我也可以规划好自己早上的时间。早上可能出现的不确定状况再也不会令我心神不安了。最重要的是,我的日常语言中再也没有了"责怪""威胁""刻薄"的词汇。其实,这才是心灵的安宁,真正的解脱!

直到现在,连西是个非常守时的人。跟别人约会,她总是提前几分钟到达,以表示对别人的尊重!

今日名言:

Patience is bitter, but its fruit is sweet!
耐着性子是个苦差事,但其结果却是甜美的!

——无名氏

51 选择综合症

✉ **提问** 孩子不知道自己想要什么？是选择综合症吗？比如买衣服，选择很多的时候，相同的款他会买很多不同的颜色。比如放长假是去哪里玩呢，选择太多了，最后可能选来选去，选择了"宅"在家里，不开心地做功课。请教麦博士，这样的心理有问题吗？

🌳 **回复** 当今这个世界，从衣服的颜色到游玩的地点，孩子们都有太多的选择。有些孩子，对任何事情都不想做决定，即使决定了，却又觉得不太肯定。

他是担心自己的决定所产生的后果，怕自己选择了不可知的事情会后悔，于是干脆就不去"选择"，任凭事情发生在自己身上再说。

其实，在家"宅"着也是一种选择，只不过他选择了熟悉的环境，心理上觉得比较安全而已。看样子，孩子的这种"游移不定"的"不选择"，成了他生活的绊脚石，难怪母亲真的要想办法来改善一下。

知己知子

心理学家把这种类型归为"踌躇不决强迫症"（Compulsive Indecisiveness）。因为他沉迷于"正确"与"完美"，而承受不了"不太正确"或"不太完美"的后果。归根到底，孩子可能在"自我认知"和"自我信任"上出现了问题。

我们常说要鼓励孩子从小独立，那就得让他们有机会受到训练，学会独立。比如，在生活中让孩子按照自己的方式去叠被子，按自己喜欢的风格去布置房间。等他长大了一点，就让他选择在学校里上什么课，参加校外的什么活动或跟朋友们在什么时间段一起玩等。

在很小的时候，孩子们能够在不那么重要的事情上自由地做出选择：他自己穿衣服的颜色、风格、厚薄，什么时间做功课……只要他的选择不会伤害到自己的身心健康，也不影响别人的生活，那这种选择就不应该受到限制。

如果小时候他练就了如何去选择，如何承担不太理想的结果，那么他长大以后，在选择大学的学科与事业发展方向的时候岂不就驾轻就熟了？！

好像以上的例子，你儿子选择"宅"在家里，自己感到乐在其中①，情绪正常，那也没什么大不了的。但是，如

---

① 当然不能整天在家里只为了用电子设备为前提的。

51. 选择综合症

果他感到懊恼,悔恨错过了好玩的机会,而且他的决定确实影响了全家的旅游计划,那就是另外一回事了。

母亲给予了孩子自由选择的权利,令孩子能不断地摸索其选择会带来哪种后果,自己是否可以承担。那时,母亲,除非被邀请参与,否则最好不要去判断、纠正、评价甚至于"审判"孩子当初的选择,即使它有可能是错的。

然而,当孩子选错了朋友,被带入看黄色片、酗酒及吸毒之类的境地,那可是原则性的问题了。这个时候,母亲应当介入,制止不良行为并引导孩子改正。

以下是对你的建议。

1. 儿子无论做出了什么样的选择,母亲都不要急于否定。在孩子的邀请下,母亲可以帮助孩子分析一下他的选择可能会带来的后果。

2. 原则是,母亲允许孩子去犯错,并帮助孩子总结在错误中学到的东西。今日选择的"错",是为明日选择的"对"在做准备。在小的事情上"错"犯得多了,从中学到东西了,得到教训了,那么总有一天,在大的事情面前才有机会"选择正确"!

3. 只要对孩子的身心健康没有坏处,孩子是可以承担起选择的后果的,即使它不尽人意。

4. 也可以去找专家会诊,看是否可以通过看心理医生、进行思维训练给予帮助,令孩子在认知和行为上能够克服选择综合症。

诚然,我们每一个人或多或少都有这样或那样的某种所谓的"综合症"。

今日名言:

> 因为选择,才会错过;因为错过,才会失去;
> 因为失去,才会珍惜;因为珍惜,才会得到!
> ——无名氏

52 设立界限

✉ **提问** 麦博士你好,我这里有几个问题想请教你。

1. 我的两个孩子,一个念初三,一个念初一,现在正处于青春期,喜欢一回家就把自己锁在房间里,屡次沟通无果,他们说他们已经长大了,需要自己的空间。但是这样监督不了他们的学习情况,加上他们本身做作业就不是很自觉,每次想让他们开门以便我检查他们做作业的情况,他们会说感觉像被监督,没有人身自由。但是其实两个人有时会在房间里玩手机,要收回手机他们又是各种闹,要是真的强制收回他们就会各种要死要活的(因为放学都是他们自己回家,所以要给他们配备手机,方便联络和搭车)。

请问面对青春期的孩子,要如何更好地跟他们沟通呢?2. 老大今年念初三,学习压力很重,经常学习到很晚,有时半夜一两点我看到她的房间灯还是亮着的,敲门让她打开时,经常发现他应该是趴在桌子上睡着了,有时甚至都忘记洗澡了。跟他沟通过很多次要早睡早起,安排计划好,可越说就越不听,就算听了执行力也很差。请问这种情况我要如何跟孩子沟通,让他知道怎么做对他才是更好的,而不是任由他叛逆、不喜欢家长管。

回复 这位母亲在爱孩子与给他们自由的问题上感到困惑与不安,因此苦苦寻找跟孩子们沟通的方法。很明显,她比较尊重孩子们的个人选择,那是极其宝贵的品质!

然而,怎么看起来这个家好像是孩子们说了算?说锁门就锁门,说几点睡觉就几点睡觉。手机嘛,那就更随心所欲了,想玩多晚母亲都得由着他们呢。

目前,本人所担心的是,再过一段日子他们怕会沉迷于网上的私人空间,看黄色影片、上网谈恋爱、通私密电话……

在孩子十八岁之前,对他的成长环境和日常生活的安排,母亲是有权利在家里制定规则和设定界限的。教导子女走正确的路是做母亲的责任和义务。

我们来试试以下几种方法。

1. 这些界限的设定,可否通过家庭会来制定?

开家庭会是个好办法,在愉悦的气氛下,邀请孩子们分享他们一周以来,在学习方面、交友方面、生活方面所经历的"苦"与"乐"。

你可能会惊讶地发现,其实孩子们喜欢有个界限来规定他们的生活。几点起床,几点睡觉,大家列出协商好的时间表,贴在门上、墙上等能看见的地方,作为监督!

2. 母亲可以让孩子们带手机上学,这不仅表示对他们的信任,同时在学习、交通和餐饮等各方面也给他们提供了方便。

因为学校属于公众空间,拥有手机还算安全,但是放了学,就得要求他们把手机放在家里公共的地方来使用,可以要求他们不将手机带进自己的房间。

3. 假设手机不能带进房间,任他们怎么锁上门(除了有情绪上的特殊问题之外),你也就不用担心跟网络有关的事情了,所以不如就留一些私人空间让他们好好地休息一下。

4. 孩子们省了很多上网游览的时间,就自然而然地早做完功课,早去睡觉了。正像你所希望的那样,有了早睡早起的好习惯。

在双方都同意的情况下,母亲要帮助孩子们严格地去执行以上界限。

5. 至于他们什么时候洗澡,洗与不洗这类小事,就由着他们吧!这些事跟上网的性质不同,它既不会带来精神上的污染,也不会影响家庭的其他成员,那就让他们自由地去选择吧!

母亲要在小的事情上不较真,才能在大的原则上不让步!

6. 你会发现如果老大可以服从这种界限,老二就比较容易跟随了。

7. 不妨跟孩子们讨论一下自由的定义,然后通过体验,大家一起不断地去修正及完善从前所设定的界限。

8. 所有这些美好愿景的实现,在孩子们越小的时候越容易达成。然而,面对任何事都不该用"太晚了"之说法来限制自己的进步!

53 开家庭会的妙处

每到年底,我就特别喜欢自我探讨一下,这一年来我是否做了有意义的事情。这些天来,我身边的人总是在谈论"家庭会"这个题目。我也想跟大家分享一下我对此的感受和看法。

我从小生长在军人家庭里。

我们家有一个好的传统,那就是父母定期和我们一起开家庭会。通常,父母主持会议,先询问孩子们有无特殊情况需要预留时间来谈论,然后他们就本着"有则改之,无则加勉"的原则,把近来社会上和家里所发生的大事、小事提出来,让家人讨论。

我是家里最小的孩子,所以通常都是听得多、说得少些。在我的记忆中,我的两个哥哥也都很珍惜跟父母促膝长谈的机会。

我父母都是新中国成立前就参军了的,参加过抗战、内战和抗美援朝战争(母亲只参与了后两个战争)。因此,他们很自然地把国家利益、集体利益放在家庭与个人利益的前头。

家国情怀的教育这等大事情讲通了之后,父母才会讲到我们家庭的各种琐事。无可置疑的是,我们个人的利益是要服从家庭利益的。

举个例子,邻居家的鸡跑到了我们的院子里,被我哥哥用鸟枪打死了。父母跟孩子们讨论要用什么方法去赔偿,是否用我们养的兔子送给人家作为补偿。为了维护我们家的名声和让孩子保持谦逊的举止,我母亲通常都会带着我哥哥一起去那位邻居家赔礼道歉,这样就妥善地处理好了邻里关系。

现在看来,从小到大,定期召开家庭会的传统对我影响至今。我既关注当今社会上发生的事情,又比较注重我身边人的感受。而且,我们的家庭里父母、兄妹之间的关系都很亲密,这与我们拥有那些美好的家庭会的印记是密不可分的。

后来,我们都长大了,结婚了,每当我们全家聚在一起的时候,父母还是习惯把我们拢在一起开个家庭会。然而,父母发现家里新添的成员们好像不太习惯我们开会的方式,于是,他们只能另找机会把大哥、二哥与我单独聚在一起,聊至深夜。

后来,我有了自己的小家,并且养育着五个子女(两个儿子、三个女儿),家庭会的传统也就自然而然地传承

53. 开家庭会的妙处

了下来。

无独有偶,虽然我先生跟我成长的经历不同,所处的文化背景也不同,但是"开家庭会"也是我先生成长过程中的一项家庭传统。因此,我们两个在开家庭会这件事情上,真的是一拍即合,驾轻就熟。

每当别人夸奖我们的孩子们是多么优秀的时候,我心想:"也许每个家庭都来做开家庭会的实验,那他们的孩子们也都可以出类拔萃?"

为父,为母,养家糊口,尽其所能地为家人提供良好的物质条件及良好的生活环境,那既是一种义务与职责,也是一种伟大的奉献。

有位智者说:"做父母的重要职责之一,是在自家的围墙内,为所爱的家人,做一些微不足道的服务!"

努力地为家人,无微不至去关怀,细致地去做服务,这种无私奉献的精神,会给你的家庭生活带来极大的快乐,同时更积攒了你永久的福祉。

为家人做些微小的事情,是可以通过定期召开家庭会来体现的。

准备事项:

1. 父母跟孩子(们)预约时间,可以是半个小时,或者最多预留一个小时,以便大家能够静下心来交谈。

2. 双方要聆听对方的谈话,观察对方的表情与举止。谈话的氛围一定不是冷酷、冒犯的；谈话的内容一定不是训斥、纠正、评论或判断。却应该是相互之间的聆听、理解、分析、讲解、鼓励与劝勉。总之，母亲要用温和、谦逊、不虚伪的语气去展示那纯正的爱。

3. 保持气氛温馨，倾听他人的对话，并建立互相之间的同理心。

4. 建议在开会期间，为了保证大家的精神集中，所有家人都要暂时远离手机，也不要接电话，更不要查看其他电子产品。

召开家庭会的四种可借鉴的形式：

1. 全家一起开会：父母与孩子们。你自创一个良好的、适合你家庭文化的传统。比如，你可以准备一种特殊的小吃，只是在开家庭会时才会预备，抑或在家庭会快结束的时候玩一种特别的游戏。目标是能让孩子们对家庭会的印象深刻，享受这种特别的家庭生活，并盼望着下次家庭会的召开。

2. 父与母，(夫妻)两个人开。在生活、学习、社交和情绪健康等方面，父母预先谈论孩子(们)的需求。夫妻要步调一致，凡事要达成共识，目的是有机会去讨论如何鼓励已经取得了好成就的孩子，帮助那软弱的、迷途了的孩子。

3. 父母两个一起单独跟一个孩子开。如果家里有

53. 开家庭会的妙处

一个以上孩子的话,父母要抽时间与其中一个孩子独处。在独处的时候,可以去辅导孩子,也可以只是聆听与理解孩子的近况。

4. 父亲或母亲单独跟一个孩子开。比如,女儿与父亲的关系比较密切,或者儿子与母亲的关系比较融洽,在这种情况下,最好让与孩子关系亲近的父亲或者母亲单独跟孩子开会/约谈,让孩子感受到家人的大爱。

我们坚信,这种持之以恒的家庭会,功效奇特。

总有一天,孩子们曾经"变硬了的心",又重新软化了起来……他们将为自己的信念去奋斗,正像母亲所希望的那样!

新的一年即将来临,你是否愿意挑战自己,借鉴以上的家庭会的方式自创一个属于你自己的家庭会的传统?

今日名言:

> 没有任何成功可以弥补家庭的失败!
>
> ——麦基奥·大卫

54 点评 L.Y 的家庭会

——Ling 的家庭会记录：2020 年的感恩节

✉️ **一位妈妈的分享** 虽然已经过了感恩节活动总结提交期限，我还是想分享一下我家的情况。

一看到麦博的提议，我就转发到家庭群，想在感恩节当晚开个家庭会议，来场仪式。老公说周五小姑和家公从老家过来，要不推迟一天。我说好。

我邀请十二岁的女儿为我做个美食，或捶捶背，做个贺卡，总之做一件事就好，女儿并没有做。虽说是邀请，不是要求，我心里还是有失落的。两岁的儿子为我捶背，好开心，还自拍留念。早托班也组织了"护蛋"活动，我很认真准备了道具，还交代阿姨，第二天煮好蛋，要怎么当着孩子面放进盒子里，怎么同孩子说（儿子起床的时候我已经上班了）。阿姨说儿子很认真地对待护蛋的工作，将盒子绑在胸前，带到早托班，拍了一张照片，特别神气的样子！

没有为家庭会做过多的准备，想着提前订蛋糕，也忙忘了。周五当晚，我请女儿下楼买蛋糕，女儿想买 2 磅

54. 点评 L.Y 的家庭会

的,我没同意,蛋糕店又没有现成的 1 磅蛋糕,我希望女儿把楼下 3 家蛋糕店都看一遍,实在没有 1 磅蛋糕就买些小块的蛋糕,每人 1 块。老公一回家,发现女儿没有在做作业,很是着急生气,打电话让女儿马上回来。女儿本想趁着机会下楼逛逛,被爸爸一通电话催促,索性什么都不买了,回家进了房间。快 9 点了,小姑和家公还在外面散步,儿子马上就要睡觉了,我有些着急,就和老公说了情况,老公自己下楼买了 6 块小蛋糕回家,这时小姑和家公也回来了。

老公召集大家坐下,开玩笑说请妈妈来说话。我感觉大家并没有做好心理准备,女儿一副就是为了吃蛋糕的样子。

我一时匆忙,看着大家的开玩笑似的眼光,感觉有点孤单,好像在演独角戏。抱着儿子,说,昨天是感恩节,今天等爷爷和姑姑来再做这个仪式。感恩爷爷养育了爸爸和姑姑,感恩老公,作为家庭主要经济支柱,让我们可以想吃什么就能吃什么,感恩姑姑经常来我们家帮忙,感恩女儿选择了我做妈妈,让我有机会学习怎么做母亲,感恩阿姨辛苦照顾丁丁。

感觉整个过程都是我的独角戏,中间小姑还插了一句话:大家来说说奶奶最放心不下谁(奶奶月初因为癌症去世了)。我说,这个与感恩有什么关系?女儿说,是爷爷；爷爷说对。我说然后呢？要怎么做呀？要好好照顾自己哦！（总觉得这个插话有些跑题，气氛都变了。）本来还想让爷爷说点什么，比如小时候的故事，因为没有提前请爷爷做准备，时间也比较晚了，只好作罢，大家就开始吃蛋糕了。吃蛋糕的时候，大家都很开心。

睡前，我和老公表达自己心中对这个仪式还是有些遗憾的，老公说，挺好的呀，大家都挺开心的。

我在说感恩词的时候，是有些激动的，每当我说这类话时，总会有些激动，好像有些泪水。对这个感恩节，还是有小小遗憾。是不是我太过于追求完美，只看到不好的地方。

回复 Ling，你已经尝试了召开第一次家庭会议，你的这种"敢于吃螃蟹"的精神，实在可嘉！细细地读了你在感恩节召开家庭会的感言，我为你感到骄傲！

可喜的是，你的老公很支持你开家庭会。听起来，他对于那种好的家庭气氛，还觉得很满意呢。正像你形容的："老公说，挺好的呀，大家都挺开心的。"你是个聪明的妻子，能够令丈夫在大的事情上理解你、支持你！①

---

① 请参考《"脖子"转"头"的管家艺术》。

54. 点评L.Y的家庭会

你的感恩词感恩了爷爷、姑姑、老公、女儿……听起来挺感人的。"每当我说这类话时，总会有些激动，好像有些泪水。"我想你的家人，虽然他们自己还不习惯这样去表达感情，但在心里都会有所触动，他们看到了你学以致用的谦卑态度，极力地维护这个家庭彼此之间的爱。

说实话，对很多人来说，开家庭会这个概念是比较陌生的。人们目前还不太理解其目的及其意义。但是，只要你坚持去做，我想在不久的将来，它一定会让你和你的家人体会与收获到奇妙无穷的益处。

下次再召开家庭会的时候，你可以让家人提前做好准备，尽量给予每个人一个机会，想要在家庭会上表达什么。主持人嘛，可以轮流着安排，让每个家庭成员都意识到，在家里，人人是平等的，只有互相尊敬，没有强权与威严。

你可以尝试着让十二岁的女儿负责筹划及主持，从而训练她的领导力。既然大人将权限交给了女儿，那就一定要按照她的意愿来进行，无论她做得如何，家人一定要极力赞美！

再有，通过她的一言一行，父母可以知道女儿想让这个家庭给她带来怎样的关怀，以及了解她所期盼的家庭气氛是什么样的。

至于家庭会的主题,母亲可以跟孩子商量什么是家里迫切需要拿来讨论的,定下来之后,由主持人把控。

家庭会上,你还可以准备一些平时孩子们很想但又不太容易得到的"小吃"。或者,宣布一项将要发生的家庭活动,比如计划到一个特殊的地方远游。

在家庭会上,孩子们也可以放一首歌来听,歌词的内容应该与你的家庭会主题有关联。总之,你可以很有创意地去举行,通过种种仪式感,这也可以建立起你们家庭的文化。主持人要随机应变地观察家人们的反应,如果有人真的跑题了,那也没有什么了不起,你只要把话题拉回来就行了。

大家开开玩笑,讲讲笑话,嘻嘻哈哈,或者被演讲者赚泪了,那也是一件舒心畅快的事情。大人受到感动时,不要怕在孩子面前流泪,因为母亲的心是敏感的、脆弱的,那是美妙的触动、真诚的表露!

你们的家庭会可以选择每周一次,或者每月两次,定期召开。让孩子们觉得他们在会上得到了大人们的诚挚表扬,从而受到了鼓励、感到了愉悦,并体验了温馨。家里有老人家的,也可以邀请老人家讲述他们过去的经历,儿女小时候的故事,对人生的看法……从而令老人家感到膝下的丰满!

54. 点评 L.Y 的家庭会

总之，彼此之间只要有了美好的感觉，全家人就会对再次召开家庭会议有所盼望！

即使是单亲的小家庭，你的家庭也一样可以创造一个令母亲与孩子在愉悦的心情下敞开心扉、促膝交谈的机会。

在家庭的团结氛围下，母亲给孩子们一个畅所欲言的机会。无论他们提出什么样的请求，母亲都要尊重孩子。有了这样的家庭传统，母亲就不必担心孩子到了青少年时期和父母反目成仇了。

Ling，有关你觉得感恩节小小的遗憾，我想将今日感言送给你。

今日感言：

> 一个满足的人并非拥有最好的事物，却勇于把已拥有的事物变得最美好！
>
> ——雅典娜

55 情绪管理的"软件"与"硬件"

✉ **提问**　麦博士,您好!我有一个十四岁的女儿,特别敏感,性格也比较内向,她自己说自己情绪特别多,每天需要花大量时间来控制和对抗自己的情绪!她觉得这严重影响了自己的学习和生活,请问这个情况需要如何来引导孩子?谢谢!

🌳 **回复**　女儿虽然内向,但是这次比较诚恳地向母亲表示"自己的情绪有问题了",而且,她的情绪健康已经严重地影响了学习和生活。这位母亲是万幸的,只因为女儿自己主动发出了求救信号!

青少年时期的孩子,身体里的荷尔蒙水平变化多端,时常像一匹脱了缰的野马,奔腾不息;有时却又像一滩死水,无法掀起波浪。

这种"奔腾"的"阳"与"一滩水"的"阴",是否会达到平衡?如果不平衡了,孩子时或焦虑,又时或抑郁,更糟

55. 情绪管理的"软件"与"硬件"

糕的是,焦虑与抑郁有可能还是此起彼伏的。

其实,我们每一个人或多或少,在某一个问题上,都体验过这种经历,只不过,它并没有到"影响我们的工作和生活"的程度。

1. 那孩子会自动好吗?

当然有可能!如果母亲跟女儿找到了那个令她特别敏感的"点",然后避开它,解决触发那个"点"的问题,女儿心里就敞亮了。从您的提问来看,我们还看不到每次女儿受到情绪困扰时,是什么事件触发的。

2. 母亲可以帮多大的忙呢?

相当重要!有时候,女儿只需要倾诉、哭泣、被理解、被认同,却不需要被纠正、被判断、被教导、被要求。

试想,这是一个多么好的机会,令母亲去体现无私的爱!即使女儿有一千个"不是",母亲,请放下你的期许;即使母亲被女儿误解,母亲,请放下你的骄傲,无条件地去理解,去爱护吧!

3. 是否有必要去看心理医生?去看精神科医生?

十分必要,而且刻不容缓!请一定要找素质高的,具有专业水准的心理医生!这位心理医生应该可以判断女儿是否需要进一步去看精神科医生。前面我们提了,荷尔蒙变化的时候,女儿生理上有可能缺乏一两种身体需要的化学物质。

我个人的见解是：精神科医生就好比一部电脑的硬件，没有了它的支撑，软件是没有太大作用的。然而，心理医生就像是电脑的软件一样，是起到"溜缝儿""润滑剂"作用的。有了这两件好的搭配，那身体的、情绪的、精神的各个配件都会各就其位、各尽其职了！请注意，如果你能找到一家心理医生和精神科医生在一起办公的诊所，那是最理想不过的了，因为，他们之间的默契对女儿的康复是十分重要的！

4. 女儿用个人的意志力可以战胜困难吗？

天时、地利、人和，以上的种种方法再加上女儿坚强的意志力，母亲伟大的爱的传递，她一定能够回复到可以正常学习和生活的轨道上。不但如此，她的心里将充满了无限的可能与希望。她从来都不知道，原来，医学的药物治理与认知上的心理调整，可以令她"身"与"心"都能体会到那么无言的美妙！

今日感言：

> **孩儿的求救！**
> 母亲，请原谅我！
> 不是我，不努力，

55. 情绪管理的"软件"与"硬件"

却是我,做不到?
焦虑,忧郁,跟我赛跑!
我的内心啊,
在撕裂着,在受煎熬!

我怎么了? 有谁知道?
母亲,救救我! 用您的大爱,
令我回到那"希望"的轨道?

——雅典娜

56 | 不洗澡、不刷牙的烦恼

✉ **提问** 我家儿子十四岁,读初三,平时住校,一周回家睡两晚。

在学校,特别是冬天,儿子不肯洗澡,问他为什么,他说学校安排的时间紧凑,天冷不出汗不用洗。脸上的痘痘也因为经常不洗脸,长了又长。

回家睡觉的话,家里环境好,儿子愿意洗澡,但要督促,才愿意洗干净。还有一点,儿子经常不刷牙,道理都懂,就是不愿做,还有房间的清洁卫生、收拾等,也是督促了他才弄。

有时做妈妈,感觉说多了,自己也厌烦自己。和儿子也有一周清理一次的约定,然而坚持一两次,儿子还是没有自觉去做。对于青春期孩子个人卫生这一块,真是头疼,求解!

🌳 **回复** 我们来谈谈青少年的"不洗澡""不刷牙"和"不收拾房间"。

56. 不洗澡、不刷牙的烦恼

1. 不洗澡：青春期的男孩子，长痘痘、体臭都是身体在成长的表现。才十四岁嘛，有可能他还没有对自己的形象太在意，还没开始考虑到要吸引女孩子。所以在他看来，蓬头垢面，邋里邋遢都没什么了不起。再过两年，生理上的需求与自我的认知增强，他可能会多留意自己的体味和形象了吧。

可以试着跟他聊天，让他讲讲在学校公共澡堂里的趣事。看他是否有过什么不愉快的经历，比如说，男孩子光着身子在比较什么，在嘲笑别人什么，等等。现在各个家庭的条件都好了，公共澡堂的气氛与环境，孩子也可能不太习惯。再有，孩子是住校生，也可能觉得洗澡或刷牙等事应该是在自己的控制范畴之内的，跟父母无关。有些关心青少年的学者们喜欢把这一现象归纳为"下意识地要求独立，是一种反叛的表象"，等等。

2. 不刷牙：这个问题，跟不洗澡的性质有所不同，因为其长期的后果是短视的青少年所负担不起的。

（1）不妨试试带他去购买他自己喜欢的味道的牙膏与最新潮的电动牙刷，令他每次刷牙的时候都觉得自己很酷，在尝试新的玩意儿。重要的是他有可能觉得自己选的东西总是好的，而且刷牙这件事是他可以自己控制和决定的。

（2）在轻松的气氛下，不妨试试跟他一起看一些/听一些有关蛀牙、牙龈出血、牙面发黄、拔牙与掉牙的知识性的小视频。但请别纠缠不休地叮嘱他刷牙，更不要说些不好听的话。我们尽量要让事实教训他去自愿地改正。

（3）拜访牙医，如果有家人或朋友是牙医，请他们侧面地提醒一下。①

（4）有一些有趣的 Apps 是可以提醒孩子什么时候要刷牙，要刷多长时间或教导孩子怎么有效地刷牙的。

（5）也可以跟孩子商量一下奖励制度。如果口腔卫生搞好了，你会怎样奖励孩子呢？

3. 不收拾房间：至于收拾房间方面，那要看妈妈的承受能力有多大。如果孩子的房间卫生，真的令你焦虑、心烦，那就有必要让孩子知道他的卫生习惯对父母来说至关重要。从小培养孩子要尊重父母的感受，无论它听起来有多么的不合理。反之，父母也要尊重孩子的喜好，比如乱一点的房间有可能让孩子感到放松，而太规律的摆设也许令他觉得房间不像属于自己的"小窝"。

---

① 非常有必要定期去洗牙，那种难受程度有可能令孩子印象深刻。对外人，请不要唠唠叨叨地提他不刷牙这件事。

56. 不洗澡、不刷牙的烦恼

讲我们家的一个小故事吧。

我们其中的一个女儿,她特别有艺术的才能,画画方面尤其擅长,平时自己也很会打扮,出门时也漂漂亮亮的。但是,她的房间,我是"进不去的"。衣服丢在地上,袜子挂在床头,书本是一本斜着摞在另一本上面的,那小摆设就更别提了,真的是琳琅满目地堆在一起。

我也尝试着规定她这样或那样,后来发现,我们母女的关系因为保持房间的卫生而搞得十分紧张,真的得不偿失!

其实对我来说,房间是否清洁与干净并不是一个原则问题。有太多的原则,我需要她去遵守。比如,在青少年时期,我们要求女孩们不能单独去跟男孩子约会,只可以在有其他女同学或朋友们在场的情况下,她们才可以跟男孩子们出去游玩。女儿很听话,在大的事情上很尊重父母。

她说:"房间越乱乎,心里越轻松!"那么,父母是否也要尊重她的选择呢?

我们开了个家庭会,表达了各自的情绪,也提出了具体的解决方案。

最终,我们与女儿达成了协议:只要是她的房间或说她的空间,那就由着她决定怎样保持。在没有干涉家里其他人生活的情况下,她喜欢把房间弄得乱七八糟的，那是她的自由选择。但是，出了房间，在家里的任何公共场所，她就不能乱放东西。我一再强调：家里没有任何人有权利弄乱、搞脏属于全家人的空间，因为保持整洁也是我们家里很重要的文化之一。

　　长话短说，如今，女儿大了，也成家了，我们发现她的家是整洁的，生活是规律的，也许因为在她成长的过程中，青春期那短暂的、凌乱无序的生活，父母并没有去干涉，逼迫她去做不情愿的事情。

　　当她长大了，自己对行为和后果负责了，那她那点"小毛病"也不了了之了！

57 谈孩子起不来床

✉ **提问** 我家男孩子读高一,走读,前段时间上学都很自觉,不用我们叫起床,每天都能准时回到学校。近段时间天凉,自己调了 6:45 的闹钟,但不叫他的话 7 点都起不来。后来我每天大概 6:40 叫他一次,先提醒他大概还有 5 分钟可以赖一下床,闹钟是他自己设的,6:45 分准时响起,他不起,两周了,都是我再三叫他他才起床,也试过叫了两次后,不理他,自己出门上班去,老师记了他迟到,但班上的男生也有几个迟到的,他杂在其中不以为然。这种情况怎么办?

🌳 **回复** 高一的男孩子早上起不来床,是见怪不怪的事。在此事上孩子的生理原因有可能大于心理的反叛。

青少年时期的孩子,内在的发育势不可挡。缘由是内在的荷尔蒙水平的变化令他在生理上难以自控。那么外在的原因,有可能是抵挡不住各种电子产品的诱惑,网上交友、时时刷屏的习惯更令他难以把控自己的作息时间。

我们不妨试试以下方法。

1. 先跟孩子商量好晚上要几点睡觉，比如晚上10点半要孩子进入房间。睡前家长有权把孩子的所有电子产品统统都收回，避免半夜他收到其他同学或朋友发来的信息。总之，孩子的睡房不宜摆放任何电子产品，包括电视机、电脑、iPad以及手机等。①

2. 建立自然睡与自然醒的规律，虽然对青少年来说挑战性很强，却是必要的。孩子起不来床，除了生理原因之外，其心理原因也极其复杂。也可以在孩子深度睡眠这一块找找原因。孩子有可能面临睡眠紊乱（Sleep Disorder），就是连他自己都不知道的多梦与噩梦，所以他的睡眠质量可能就比较差了。然而，母亲也不必太担心，因为大多数这种睡眠浅只是短暂的表象，是孩子的情绪波动所造成的。因此，母亲要体谅孩子那个阶段的困难。

3. 是否就由着他上学迟到呢？

那也不是的。只要孩子有遵守时间的愿望，还有努力的实际行动，那就是我们训练孩子的目的。

---

① 但睡前用读书器（例如Kindle）却是好的。

4. 从青少年开始要学会有自治、自控的能力。睡好与睡不好，都不要把它看得过重。其实，我们都不必把睡眠看成影响白天活动的因素。任何人都一样，也许今天没睡好，明天没睡好，不要去想太多，等身体累了，后天自然就能睡得比较好了。

5. 大人请不要喋喋不休地提醒他迟到的事实，却要让孩子对自律有他自己的理解。然后母亲要在行为上帮助孩子，在他不愿意起床时，也要帮助他坚持起床，因为他有责任和义务去上课和学习。

6. 晚上母亲帮助孩子准备睡眠时，在细节上要做得充分一些。让孩子同意只有早睡了，才有可能早起。比方跟孩子说好，闹钟可以让他自己设置，但只能让闹钟响两次，他就一定要起床。

7. 除非被邀请，否则，妈妈最好不要在他努力训练自己的过程中加入进去。当他克服了这个困难之后，他会觉得靠的是他自己摸索出来的好方法。

8. 如果孩子一时还做不到按时起床，按时吃饭，按时上学，母亲也不要出言不逊，但是要用迟到所产生的后果来教育他。比如，当天晚上把规定他睡觉的时间提前一点。他同意每天十点半进入房间，这次他上学迟到了15分钟，妈妈就得让他在十点十五分进入房间。在没有任何电子通讯的情况下，他也许睡前用读书器读一段小故事便睡着了呢。

9. 还有一个方法也许奏效,那就是母亲要有智慧地(可以故意地)去寻找孩子起不来床的外部原因,比如你可以说:"昨天晚上天气太冷了,外面太吵了,所以你有可能睡得不太好,这也不怪你。迟到了,没关系,你也不是故意的。"你会发现,大人越为他开脱,他就越下决心第二天要做得更好!

今天的关键词语:理解孩子生理上的特殊性;保证孩子早睡早起的可行办法;让孩子的房间远离电子产品;看医生,检查孩子是否有睡眠紊乱的现象;训练孩子的守时,欣赏孩子的努力!

58 "爱"与"逻辑"

> **提问** 麦博士您好,孩子今年读高一,中考时他想去的一个学校因为没达到分数线去不了,现在就读的是一所全寄宿学校,没去多久,他就找各种理由不去读书,说难受痛苦,回家来呢就天天玩手机。问他读书的问题,他就发脾气,或者说不知道,拒绝交流,我劝说无果。我认为他是手机上瘾,因为去学校不让带手机,可现在收了他的手机他要死要活的,真是让人太焦虑了,该怎么处理?

> **回复** 寄宿学校的环境是家长不可控制的,即可能发生很多不可预知的事情。有可能孩子是真的遇到了什么不解的难题,令他找理由不想回原来的学校读书。那么,在他还不太愿意跟大人讲清楚原因的时候,就暂时不要让他返校了,母亲只得静静地等有那么一天孩子能够敞开心扉。

前几年,有一个育儿的课程叫"爱与逻辑"(Love and

知己知子

Logic)①。

爱为本,逻辑为辅。任何有效的逻辑都离不开爱的本源。没有了爱,用什么逻辑方法去处理母子关系都于事无补。

你这位母亲对孩子如此关心就体现出一种爱。所以我们做任何决定都别损伤了爱的根本。遗憾的是,有时候,无论母亲的爱有多么伟大,孩子却感受不到母亲的这种爱,那么母亲在爱的传递过程中就出现了问题。

就拿以上的例子来说吧,孩子不愿意回到原来的学校读书。那母亲是否就要尊重孩子的选择,然后一起来探讨换学校的可能性?

换学校有可能很难,而且也还不知道孩子要求换学校的原因,这时母亲就得努力地去理解孩子,并为他所盼望的事情去努力。

母亲对孩子尊重和包容的态度,以及帮助孩子走出困境的行为,一定能够让孩子感受到你无私的大爱。

即使学校没换成,母亲却用真诚得到孩子的极大信任。

如果成功换了学校,那母亲提供给了孩子一个新的

---

① 请看《前言》注解。

58. "爱"与"逻辑"

开始,一个新的希望,他自己也许也会设立的一个新的目标!

然而,母亲对儿子的信任并不代表孩子就可以无视家规地上网。母亲要跟儿子商量一套家里的规范,双方同意了,就得遵守。比如,母亲要鼓励孩子自律,不能随意上网看不良的东西。要得到了母亲的同意之后才可以在规定的时间内,去查资料。[①] 请别忘了,母亲有权力检查孩子的上网历史。

今日名言:

> 为了享有自由,我们必须控制自己。
> ——无名氏
>
> 放肆的生活,不是自由的生活。
> ——华盛顿

[①] 请参考《"瘾患",不可姑息!》《感化"成瘾了"的孩子》《设立界限》。

59 母亲是"环境保护的使者"

✉ **提问** 孩子很喜欢一门乐器,并且一直有激情,学得很好,最近突然不想去学了,并且情绪很激动,我担心影响他的兴趣,就顺着孩子的意愿同意他不去上课。后来了解到原因:授课老师上课时经常爆出脏话,孩子不喜欢,产生反感,就不想去了。

我的理解是老师面对多个孩子,难免会遇到不听指挥的情况,情急之下爆出脏话,可能只是平时的习惯,但是老师出发点都是好的,希望孩子们都学到东西;但是对于孩子们来说,为人师表很重要,言行举止都会潜移默化地影响孩子。

所以我有点小迷茫,顺着孩子的意愿换个老师,担心孩子以后在社会上会遇到更多类似的情况,就不会用包容的心态去对待;也担心即便是换了老师也不一定是他喜欢的,是不是又要换呢?

所以昨晚上和孩子沟通,让他试着接纳老师,看到老师的优点,不要在意老师的缺点,让他继续上课,

59. 母亲是"环境保护的使者"

可是我心里还是不太确定,这样做是否妥当,所以想请老师们帮忙分析一下!

回复 做母亲的另一个功能,是做一个"环境保护的使者"!

使者的任务是考察孩子周边是否有不良因素,有可能令孩子受到侵蚀。比如,孩子的朋友们是否有不良嗜好(抽烟、饮酒或社会行为不端等),孩子的老师是否出言不逊,有语言上虐待孩子的行为。有的话,母亲要"头上长角,身上长刺"地去改变环境。如果环境难以改变,母亲是否愿意拿出孟母三迁的精神帮助孩子脱离这种令他不舒服的环境呢?

事情发生了,即使母亲还没完全弄清事发原因,暂时也还难以周全地考虑其可能会引发的后果;也无论母亲对事情的本质持有什么观点,在这个节点上,母亲最重要的任务是要重视孩子的感受!母亲的第一反应是要尽力地去呵护孩子,而并不需要去考虑其他人会怎么想。

当然,孩子的感受本身并没有好与坏之分。他当下感受到的,就是他那个时间点情绪上的真实反映。

孩子心里有了底气,外表就有骨气,不但对母亲的这种呵护感激不尽,他也将自己调整步子去适应他人。

通常我们有一个误区,那就是,怕凡事迁就会给孩子带来后患。于是,事情发生时,家长不但不去安抚孩子的心灵,却换着法子去给孩子增添各种人生的磨炼。

其实,无论我们喜欢与否,那个"将来"都会在生活中给予你的孩子各种各样的挑战。有一种说法:We do not look for trouble, because trouble would definitely look for us!(我们不需要去寻找麻烦,因为麻烦一定会光顾我们!)就是说,母亲不必在孩子很小的时候,特意寻找所谓"锻炼"的机会。反而,孩子得到了父母无比的信任,积攒了无穷的自信,那么长大了,就可以把握处理问题的各种技巧,才能有愿望去迎接来自生活中的"苦其心志,劳其筋骨"的磨炼。

你儿子对那位老师讲的脏话非常反感。这是因为你这位好母亲教育得当,他才能对外来不好的侵蚀有抵触的反应,那是多少母亲求之不得之事呀!

母亲为何不去维护好儿子的纯真而滋养他,并尽可能地给他提供一个更优良的环境呢?我们切勿让他随

59. 母亲是"环境保护的使者"

波逐流，对社会上不太对的事情人云亦云！

我想起了一个家庭小故事。

我们小儿子连东在高中的后两年是学校橄榄球队员。他的体重和身高作为玩橄榄球的运动员来说是没有优势的。但是，他连续两年都得了奖：教练的最佳奖和进步最佳奖。

教练后来告诉我，连东在橄榄球队中那么受欢迎的原因之一就是他有一种特殊的亲和力和感染力！这里的感染力来自于他自己艰苦地训练，跟队友们相处愉快，并劝说队友们不要在训练和比赛的时候讲脏话！

我们都知道，高中的橄榄球比赛中，有些孩子讲脏话是司空见惯的事儿。那些玩橄榄球的孩子们通常都人高马大，体格健壮，外形看起来具有威慑力，所以在高中的孩子堆里，玩橄榄球的孩子们看起来很酷，比较容易受到崇拜，久而久之，他们在言语间也自然而然地彰显霸道了。

然而，在他们的橄榄球校队中，连东却协助教练们建立了一种特殊的文化。他们的口号是：One Body, One Mind! 全体队员，身心合一！在赛场上，队员们都要互相鼓励，不去打压失了分的球员。还有，他们的球队要求队员们不许对其他学校的队员讲脏话！

在焦灼的比赛现场,裁判员毫不留情地对那些控制不住自己、讲脏话的其他学校球队的队员们罚比分!那时,连东和他的队友们,心里都清楚他们自己的优势在哪里了。

今日感言:

> 要想培养出良善的孩子,母亲就要摒弃一切俗气的东西;
>
> 要想自己的孩子出类拔萃,母亲就要有脱颖而出的前瞻思维!
>
> ——雅典娜

60 古筝情结

看到群里大家讨论有关孩子学琴的事。我想起了自己不太成功的一个例子,供大家借鉴。

我们的二女儿思思从小就不喜欢运动,姐姐则是长跑能手,曾经连续两年都获得了香港C组田径八百米冠军,弟弟也是一家足球俱乐部初中男子组的领队。思思,天生聪慧,在学习上特别出类拔萃,她所有的学科成绩简直好得不能再好了,可是在体育课上却总是拿不到太高的分数。

体育老师在校际体育项目中很倚重思思的姐姐和弟弟,他对思思也很了解。在体育课上,到了要Pass思思铅球成绩的时候,那位老师却发现无论她尽了多大的努力也还是掷不过去。于是,老师有艺术性地暗示思思的朋友们,去随便给她量一量,更假装没有看见思思是踩着线,掷在沿上,才勉强达到了铅球合格的最低限度。

知己知子

思思知道自己在运动竞赛上没有特长,于是她把兴趣转移到学古筝上了。

我跟家里所有的孩子都达成了协议,那就是,谁愿意学什么就学什么,但是不能只去上课,却不练习。他们知道,如果没有练习好自己的那部分,就不会有进步,既浪费时间,又浪费金钱。具体的内容大概是,"如果累计三次没有练琴的话,他们就等于是自己冻结了继续上课的资格"。

我们的大儿子K.C就非常好,他空闲了,就去弹弹钢琴。他用零碎的时间在家里练琴,却没有时间去上钢琴课,只因为香港的一家青少年足球俱乐部的训练把他的业余时间都占满了。

思思看到了一个好机会,那就是在英国学校①会弹古筝的孩子凤毛麟角。由于思思的学习能力极强,并且悟性很高,她很快就考过了古筝的五级水平,那就是说,她可以在非正式场合独自登台表演了。

思思在八年级的时候,一个偶然的机会,学校的副校长知道了思思会弹古筝这件事,于是便邀请她在全校

---

① 香港的西岛中学是历史悠久的五所英基学校中的一所。

60. 古筝情结

的聚会上演奏。

记得那次她弹的是《战台风》,琴声由恬静到逐渐地起风,由微微地躁动到台风来临时那磅礴的呼啸!好像真的能令人体会到天气变化所带来情绪上的起伏。在香港住过的人都知道,台风在夏天是经常来袭的。如果刮的是八号台风,为了安全起见,学校就会放一天假。因此,不难想象那天的聚会上,老师和同学们都能被那首曲子所表现出来的情节变化所感染!

思思是聪明的,从那以后,学校的老师和同学们都因她拥有这种特殊的才能,对她刮目相看了!

又有一次,校长邀请一些宾客来学校参加晚宴,想邀请思思坐在后面犄角旮旯的地方,用古筝来伴奏,做背景音乐的陪衬。

思思很兴奋地问我要不要答应老师的请求,我毫不犹豫地说:"思思,你告诉那些英国的老师们,古筝是宫廷里一种很高雅的音乐,是不能随便做背景音乐来陪衬的。还有,你不应该随随便便就在角落里演奏,时间长了,次数多了,下次就再也没人留意你在弹什么了。"

当然,思思就"听话地"把此事给推掉了。

事后证明妈妈是对的。从那以后为了给予古筝这种宫廷乐器极大的尊重,学校总是安排大家都先静下来,然后才恭敬地邀请思思上台表演不同的曲目。

然而现在想起来,可能由于我介入得太直接、太武断了,完全没有给思思任何考量的余地,更糟糕的是,我忽视了思思对老师派发的任务的责任感。

结果呢,"弹奏古筝"这件事,在思思和妈妈之间,留下了一个心结。

在思思高中的最后一年,她在学校的其他事物中都展现了领袖才能。①

当我们全家去观看思思带领同学们组织的一整套晚会节目的时候,我们为她作为主持人的镇定大方而感到骄傲!

那晚,也是她毕业前最后一次在学校的舞台上表演古筝了。

《草原小姐妹》是她多年来的拿手曲目,也不知道在家里练习了多少遍。

掌声响起,她频频谢幕。不知道为什么,我发现她的

---

① 思思荣获了美国领事馆颁发的"成绩优秀年度奖"。每年一度,美国领事馆都用抽签的方式奖励给几所学校,但只颁奖给该校的一名优秀生。思思也被学校推荐,作为学生代表去参加"香港优秀青少年领袖训练营"。

60. 古筝情结

眼睛总是朝着我座位的方向搜索,那时,我还以为发生了什么特别的事情了。我走向思思去贺喜时,却听她说:"对不起,妈妈,我弹错了好几个地方。"我回答:"是的,我听出来了,但是没关系,别人是不知道的,即使你弹错了多少个地方,他们也不会太在意。因为在心理、在情感上,人们早就完全接受了你。"思思看着我,眼里闪着泪花,接着说:"妈妈,这里几百人对我的看法其实都不重要。我只在乎你怎么看我!"

听她这么一说,我感到十分诧异。

那时,家里还有个规定,就是:父母给你付钱学琴,如果家里来客人了,要求你们弹琴表演一下,你们是不可以推脱的。我原以为,我们的朋友们一定会大大地赞赏他们的琴技,那将是他们继续学琴的动力。可是后来我才意识到,我把事情弄错位了!孩子在青春期,不是每一天都可以保持在良好的状态中,有时候他们乏了、累了,或者不需要什么理由,他们就是不想表演、应酬客人了。

然而,为了继续自己的爱好,孩子们不得不履行对父母的承诺,于是便心不甘、情不愿地硬着头皮给家里来的客人表演。

后来,思思去了美国上大学,我还特意带给她一架古筝呢。遗憾的是,自从高中毕业离开家之后,她再也没有碰过一次琴弦……据说是因为,"一碰到琴弦,那五味杂陈的感觉就涌上了心头……"

直到最近,她才开始了新的里程,决定重拾那美好的童年记忆。那有关古筝的童年记忆,对思思来说真的都很美好吗?不全是!因为那"美好"的记忆并不是完美的,是有瑕疵的。那古筝的情结中,夹杂着妈妈的各种"条例"和自己的许多"不得已"。只因为,那时,她有一个追求"完美"的妈妈!

61 | "怕"与"尊重"是什么关系？
——与青少年长谈的奇妙之处

✉ **提问** 麦博士您好,我家儿子今年上高二,从初三开始比较叛逆,不怎么跟父母沟通,从高一下学期即2020年3月开始,因疫情原因不能返校上课,而是在家上网课。除了学校网课之外他还让我给他报了学而思网校,补习几门他认为比较弱的科目,当时他说他自己可以安排学习时间,我就相信他了。到现在持续快一年时间了,总共报了十几次课程,加起来花费了2万多元。

每周末回来他都把自己锁在房间里,说是在学习网课,叫我们别吵他。但是我们发现他的成绩并没有提高。前两天我才发现,他把所有网课报完名的截图发给我看了之后就把网课退了,可能把钱拿来充值玩游戏了,他不熬夜,每天11点多睡觉,早上7点多就起来了,但是可能就把大量的时间用在游戏上了,真正的学习时间不多。

这两天我一直在想应该怎么去跟他说这件事,是直接说还是怎么样？我又担心直接说了会引起他一些极端行为,因为现在我们都怕了他,在他面前多说两句话就叫我们闭嘴别烦他，特别不愿意跟我们谈学习的事。

希望麦博士能给一些好的建议，这个时候应该怎么做？怎么跟孩子谈？感谢麦博士指点迷津。

回复 这位母亲遇到这么大的事了，还可以"按下暂停键"来询问怎么处理才是最好的方法，我要为你的冷静与克制点赞！

遇到问题，尤其是跟青少年打交道，我们大人要暂缓自己的情绪，想好了对策再去处理棘手的事情，那时纵然你聪明的孩子有"千条妙计"，那母亲也有"一定之规"去应对。最重要的是，你坚持原则的定力会令你的孩子觉得自己胡闹是毫无意义的。

首先，孩子要清楚母亲的底线在哪里，比如，孩子不应该不尊重父母。叫父母闭嘴就是不可逾越的底线。

孩子是否应该怕父母呢？这是个很复杂的问题。

"怕"字里面其实有尊重的意思，这里的"怕"字有它的分量。比如，孩子怕母亲误会他，从而在母亲面前失去了信任，怕老师在学业上看不到他的努力，怕在好朋友那儿不够义气……这种"怕"是正面的，甚至于是必要的，是自我规范的一种内在动力。

然而在以上这个例子中，在语言的使用上和行为的规范上,儿子是一点也不怕老子的,他还没意识到尊重长辈是晚辈的美德。

好像每个母亲都有不同的"怕",怕女儿不够漂亮与温柔,怕儿子没有运动的爱好,怕孩子们穿得不够暖和,怕孩子大了过早地谈恋爱,怕突然有一天孩子变了,变得不那么听话了……特别是,怕自己对孩子的梦想与期许与孩子的能力不相匹配。

这些"怕"①都是自然的现象,它也许跟母亲自己成长的经历有关联。但是,如果母亲对自己的这种内在的"怕"没有找到疏通的渠道,就可能总是下意识地把自己这种焦虑的负面情绪传递给孩子。

现在,这位母亲就被儿子抓住了她这个"怕"的症结——那就是怕孩子学习不上进,"因为现在我们都怕了他,在他面前多说两句话就叫我们闭嘴别烦他,特别不愿意跟我们谈学习的事"。

假设母亲让孩子去负责自己的学业目标,那母亲就没有"怕"的这个软肋被孩子操控了。

---

① 当然,如果孩子有自杀倾向的特殊情绪问题,父母的那种"怕"是特殊情况,需专业人士处理。

孩子都高二了，学业的进步与退步，那是孩子自己的事儿。母亲只能"引着马儿去河边，但不能逼着马儿去饮水"。

母亲可以选择跟孩子谈谈他对人生的看法，除了学习以外的人生理想，让孩子先把自己内心的希望之火燃烧起来，有一天他将意识到将来式的目标和理想其实还是跟自己目前的学业分不开的。然而，他自己要先认识到这一点，才能有动力去追寻属于他自己的道路。

然而，孩子还有两年就要高考了，母亲如此地放手是否太晚了？

其实，这个年龄段的孩子，只要是他自己选择了的事，只要是母亲许可并鼓励的事，他今天下了决心，那明日就可能付诸行动，后日便可能见到成效了！

我们又回到以上的例子：儿子在学习上的认知跟妈妈的期许有所出入。孩子是否不喜欢学习，因此用上网来麻醉自己而消耗时光呢？反之亦然，也可能孩子原来是喜欢学习的，但是由于"网瘾"的侵蚀，逐渐变得不爱学习了？那母亲要毫不犹豫地帮助他除去这个隐患，因为这关乎他一生的福祉。

"网瘾"是一个可怕的东西！我身边家庭的孩子们个个都是活生生的例子。在成长期间没有网瘾的孩子，无

61."怕"与"尊重"是什么关系?

论学习的天赋如何,他们都比较容易寻到属于自己的快乐人生。

可惜的是,那些有了网瘾的孩子们,尤其是有瘾看黄色信息的孩子,即使他们聪明过顶,到头来还是萎靡不振。

当然,事情已经发生了,我们要寻找方法去改变这种不好的状态。

1. 母亲的话语权:在身份上与经济实力上,母亲当然是有话语权的。孩子虽然高二了,但还未成年,他还得依赖大人来维持生活。因此母亲要设定家规,检查上网学习的报名,考量电子产品的使用时间等。①

2. 协议与条款:母亲有权进入孩子的房间来探望孩子,监管学习进度。当然,在私人房间里没有电子设备的情况下,母亲要尽量尊重孩子的私人空间。

3. 礼貌与尊重:如果孩子出言不逊,母亲先讲好有什么可以警戒的办法。当孩子在语言上减少了或杜绝了"粗口",母亲给予的奖励是什么?

4. 孩子是否有选择地接受或拒绝母亲在网上另外加授的课程?或者说,如果孩子真的在读书上找不到兴

---

① 请参考《"瘾患",不可姑息》《感化"成瘾了"的孩子》。

趣点,母亲可否允许儿子在其他方面去发展自己?

5. 跟高二的儿子进行"长谈/常谈"是一个立竿见影的好方法。这可能不是一件容易的事情,母亲意志坚定地去实验的话,就会体验其中的美妙。

6. 跟孩子约谈的具体方法如下。

(1) 跟孩子预约时间,一定要尊重孩子的最佳时间,不一定是母亲最舒服的时间段。这样,孩子能看到母亲的牺牲和对他尊重的第一步。

(2) 可以先平静地、语气肯定地提前透露一下跟孩子谈话的大概内容。比如,你要让儿子知道退网课的事情将成为你们谈话的内容之一。

(3) 给孩子充分的时间自我思考并准备好如何跟母亲谈条件。因此,通常提前一天、最多两天跟孩子预约。在这期间,母亲在态度上,既不要欢天喜地(好像你毫不在乎),也不要用冷战的方式来惩罚他。母亲这种沉着的态度,最初可能会令他感到委屈与愤怒。但是等他的"斗士情绪"消退了,他便会感到内疚、悔恨与歉意。

(4) 如果母亲熟练了这个程序,并且处理得当,你会发现还没等你跟他谈呢,一封道歉信就可能留在你的桌子上了。

(5) 请注意,在跟青少年长谈/畅谈的过程中要用平

61. "怕"与"尊重"是什么关系?

等的态度说话,母亲的语气不是由上至下的,而是把孩子看作是一个独立的人格。

(6) 我们要相信爱的力量!

只要让孩子体会到了母亲是从爱的原则出发,并不是被占有欲所驱使来苛求孩子,那么以上的那些方法就有可能奏效。

今日感言:

> 首先要做一个快乐的孩子,他才能找到快乐的人生!
>
> ——雅典娜

62 | 走出阴影！

✉ **提问** 麦博士您好：我从小生活在一个缺少关爱的环境里，父亲不管事，母亲比较强势，而且控制欲比较强，目前我已成年，但是吃穿她都要管。虽然知道她出于关心，为了让我能吃上家里的健康餐，每天早上都会把午餐准备好，但是在我看来有点像完成政治任务，每天必须吃（每当我出差她就感觉放松了，不需要天天早起准备饭菜）。虽然她和我父亲分开很久，但是她骂人的时候感觉目中无人，会把我和我爸拿出来骂，我们在她眼里都一无是处。

🌳 **回复** 看样子，你是在母亲极度强势的单亲家庭中成长起来的。母亲很极端，她那种爱的表达似乎被控制欲所驱使。糟糕的是，当母亲发泄情绪的时候，她会破口大骂，让你觉得自己在她眼里一无是处。

只有一点，她对你的日常生活起居方面还算是比较负责任的，这也许是她表达爱女儿的一种方式吧。

62. 走出阴影！

曾经听过一些有关"成人如何接受'父母不爱自己'并能够与他们和平相处"的讲座。以下几点也许对你有帮助。

1. 对母亲设定界限：可以用文字写下来互相监督。比如，(1) 避免提及母女之间敏感的话题。(2) 要求她对待你,要像对待一位成年人一样地尊重你。① (3) 你有自由选择的权利,不接受母亲的强加于人。(4) 坚定地杜绝母亲的不敬之语！

2. 清理你的内心：比如，(1) 不去做内心所不愿的事。(2) 不要一味地迁就别人强加于你的东西。(3) 要有勇气马上离开不愉悦的现场,确保自己不被伤害。(4) 你要为自己的行为负责,同样,你也可以要求你母亲为她的所作所为负起责任。那么,劈头盖脸地胡乱辱骂一番就是不负责任的表现,后果是伤害女儿。

3. 你是自己童年记忆的作者：建议你把自己的经历记录下来,尽量运用正面的、美好的心情去描述。你是否有一位祖母、姑母、表姐、紧密的小伙伴之类的人物,曾经用她们不同的方式关怀及爱护过你呢？

4. 当你做了努力去缓和与母亲的关系后,希望你对她的期望值不要太高。无论她怎么反应,结果都不会令

---

① 请参考《爱与尊重是一回事吗？》

你失望，从而你有可能从"与母亲关系的困境中脱离出来"。宽恕他人，才能真正地解放自己！何况这个"他人"是自己的生身母亲呢?!

本人建议，努力尝试重新定位你与母亲的关系，建立互相尊重的一种新模式，希望你能既坚定你所持的观点，又温柔及耐心地等待母亲的改变。毕竟，她所处的环境较为艰难，学识有限，只得由你给予母亲极大的理解与宽容了。

今后，你有自己的生活和家庭，要特别注意，避免把你童年时听到的那些不美好的语言，又重新带到你自己的家庭生活当中。

勇敢地去打破那种枷锁吧！"爱母亲"是一种美德，无论她曾经如何对待你。但是，对母亲爱的包容，并不代表在行为上任她摆布，精神上任她摧残，语言上任凭她口无遮拦。

今日感言：

> 毕竟，一个人不可能任意改变另一个人，除非你运用智慧，令他心甘情愿地去改变自己！
>
> ——雅典娜

63 | 论人格平等

✉ **一位妈妈的分享** 跟大家分享一段本人最近的经历:前段时间由于状态不是很好,工作中出现了不少低级错误,遭到同事嫌弃、领导批评。我业余在上古筝课,回课效果不好,两次课没能接新内容,也是被老师批得无地自容。由于以上种种,自己真的也怀疑自己是不是很差,后来甚至都有点肯定自己是很差(现在我已经找到我问题的所在,正在好转)。由此反观我们的孩子,如果他们在学校也是一直遭受老师批评,回家我们也是指责这指责那的,真的是大大地打击他们的自信心。久而久之他们可能也会认为自己真的很差,然后自暴自弃。我们左右不了学校的老师,但是作为父母我觉得我们真的应该多给孩子一点鼓励和认可。

🌳 **回复** 感谢你的分享,你是一个好榜样!正如你所说的,"但是作为父母我觉得我们真的应该多给孩子一点鼓励和认可"。你透彻的领悟,一定会让群里的妈妈们受益良多!

无论成人还是孩子都应该互相尊重和互相鼓励。希望你的领导和同事都能够认识到这一点,凡事也能尊重你的选择。但是,在他们还没能体会到你的感受之前,希望你能大度地原谅他们。毕竟,"他们还不知道他们的过错"!

送你一句话:"当你宽恕他人之过的时候,你就有福了!因为你心中没有了包袱,你就是轻松快乐的!"

Y.Z,可能因为你平时在群里比较活跃,你的一言一行总能牵动着我们。因此,对你以上的表达与流露,我觉得还有进一步探讨的必要。

学校的老师怎么样对待我们的孩子,那是我们左右不了事情。但是作为母亲,我们在任何情况下都要给予孩子多一点鼓励和认可,这却是我们可以左右的事情。不但我们可以做得到,而且在我们理解的范围内,我们还可以做得更加完美!这也是我们为何要在群里互相学习,互相取经。

Y.Z,你的谦逊和坦白说明了你是一位有底气的、内心坚强的母亲!

在此,我想给你个建议,请注意你所用的词汇:"工作中出现不少低级错误,遭到同事嫌弃……回课效果不

63. 论人格平等

好,两次课没能接新内容,也是被老师批得无地自容。"我觉得你在形容自己的时候,好像太过贬低你自己了,有点带有自毁长城的口吻?

我们无意中所犯的任何错误都有其价值,它是我们在学习和成长的过程中必要的经历和经验。错误嘛,应该没有低级与高级之分的,同事们也不应该嫌弃你,也可能他们还不太理解你而已。

再说古筝课,老师也不应该"批学生"到无地自容的地步。我们不希望老师那样对待我们的孩子们,那作为大人,我们也不应该允许任何老师可以那样对待我们自己。

每个人工作的性质不同,领导/老板作为上级,我们要在旨意上听从,行为上服从,那是好的典范。学生与老师的能力不同,在学习上,在技能上,我们要取经,领教,从师与遵道,那是谦虚品格的培养。

谦逊是美德,但它不代表我们可以允许任何人贬低我们的人格。所以下级在上级面前,学生在老师面前,工作上、学习上是可以俯首帖耳地表示尊重,但是,那绝对不代表人格就要低下。也就是说,虽然社会分工不同,所处的地位也迥异,然而,在人格上却应该是平等的!希望我们每个人在内心深处,都要有争取人格平等的强烈

知己知子

愿望!

首先,我们要自己尊重自己,不要用"*低级错误、遭到嫌弃、无地自容*"等词汇来形容自己,更不能允许他人把以上词汇施加在你身上。只有我们自己尊重了自己,才能劝说他人尊重我们。

我们大人要做一个好的榜样,常常要用美好的词汇来形容自己,那么我们的孩子们才能从中学到用更优美的语言来赞美自己!

今日感言:

> 自信的品格不会因为遭遇了逆境而改变。
> ——雅典娜

64 宁信其有，不信其无

——谈抑郁症与双性恋

✉ **提问** 最近因为孩子的问题备受困扰！不知道该怎么去处理！

孩子今年刚满十八岁，十七岁的时候因为在校压力过大，出现了长期失眠的问题（出现了抑郁症，这个病我在两个月前才知道，他自己悄悄到医院看过，一直瞒着我），所以休学在家，后来就没有再上学了。

孩子因为出现失眠问题，情绪很低落，我当时带他也看过昆明有名的心理医生，医生当时说他到了抑郁症的边缘，让我不要逼他读书，所以就让他休学了。

孩子回来后在店里帮忙，一开始很糟糕，经常和我吵架，连我看他一眼，他都说我看不起他。后来实在没有办法，我把他引到了一个香道修学习者卓玛老师那里，学习香道和修心！在那里他很快跟老师链接上了，喜欢上了香道，也非常喜欢卓玛老师！慢慢地在卓玛老师和那些师姐的鼓励下孩子走出了在学校的阴影，也开始阳光起来，在店里他很受客户的夸奖！都说他勤快、阳光、懂事，可是在我眼里他虽然能天天到店里跟着干活，但是经常出错、偷懒，这让我经常唠叨他，不过我们相处得越来越融洽！有时候也觉得这个孩子挺好的，会关心我爱我，还经常做饭给我吃，店里的活也干，可是他的拖延症特别厉害，让他做一件事，明明一小时可以做好的，他可以做很长时间；要是他要出去玩，做得又特别快！

在孩子初中的时候我发觉他有性取向问题，跟他也聊过，后来也没有发现什么，只是听侄女说他是双性恋，当时我也是鸵鸟心态，没有问他。2020年12月底，因为他在朋友圈发了一些他对一个男孩子示爱的话（这个内容是把我和我的朋友屏蔽了的，刚好有一个没有被屏蔽的朋友告诉我了），所以我在这天认真地跟他聊了这件事。他告诉我"是的"，他试过和好几个漂亮的女孩交往，可是交往了一段时间就特别烦她们（孩子平时和女孩子关系很好）。从那时开始我觉得我的天快塌下来了，不是完全接受不了他这样，是担心他未来的路会更难走！好几次试图说服他，总是徒劳！后来面对他我实在气得话都说不出来，所以就一直互相不怎么搭理，再后来因为我病了，我让他看店，他硬是要出去跟朋友吃饭，我们吵起来了，他跑出去说要离家出走，这事刚好被两个朋友知道了，打电话劝他，他回来了！但是回来后我们相处得并不好，平时爱说笑的我们都没有了笑容，甚至都不愿

64. 宁信其有,不信其无

意和对方说话,各有各的委屈吧!

后来我们又吵架了,那天我因为压抑得太久,爆发了,他说他要离开这个家,省得我看不得他,我也很气愤地叫他滚!当天晚上他没有回家,我一个朋友知道了,打电话跟我说叫他回来,不要让他这样负气出去,怕出事,晚上11点半我就打电话问他还回不回家,他说不要我管,他明天回来收拾衣服。后来我也忍着气和他沟通了好半天,他突然告诉我,我这样整他,他的抑郁症又发病了,说他头天还去医院看了。这时我真的害怕了,我就一个劲叫他回来,他说了他很多的不满,他怪我们一起忙着赚钱,没有太多时间陪他,他怪我要叫我朋友安排他到朋友公司打工,而当时是他说他要出去打工的,不愿意在店里,我也想他要出去就出去,这样成长得快。可是现在所有的事都怪我了!

第二天他回来了,也到店里帮我看店了,可是从那天开始,他基本上天天晚上出去,要么是朋友生日,要不然就说很长时间不见面的朋友约他,而且出去他都会故意发朋友圈,好像是告诉我他是和女孩子在一起。有一天他出去,说一年没见的朋友见面,后来又加一句是女孩子啊!我当时也打趣地说你紧张什么,我又没有说你。

从那天开始,我因为怕他真的得抑郁症,他经常出去我也不敢骂他。可是有时候又感觉,他到底是不是真的得抑郁症了，还是故意拿这个事吓唬我，让我不敢管他。这几天特别无奈，不知道该怎么处理这件事情，不管他他就经常往外面跑，管他，又怕他得抑郁症。不过说实话估计也管不了，管的结果应该又是吵架离家吧！

我们家有精神病史，我姐姐的两个孩子，一个有抑郁症、一个有精神分裂症，我姑姑也有抑郁症，所以心里的那份害怕无人能懂，可是看着他这样经常跑出去玩，我无奈得要死！我们家是典型的丧偶式教育的家庭，他爸爸对家里几乎不闻不问，一旦过问就是重重地骂两句，然后就什么都没有了。孩子的事我一直没有告诉他爸爸，他也不让我告诉，这次知道我告诉了他爸爸，他特别生气。

这几天除了他经常出去，在店里干活时和我们相处也还可以，就是时不时地冒一句怪话出来，"妈，我睡不着觉百分之五十怪你"，现在一出门就把我的电话按在免打搅上，我也打不通，只有微信能联系，这段时间我们也不再提他同性恋的事情了。

老师，请你帮帮我，我实在不知道该怎么办了！感恩！

回复 这回轮到我（麦博士）觉得愧疚了，因为你在21号问的问题，今天都25号了，我才从头至尾看了两

64. 宁信其有，不信其无

遍。前两天，自己家里的事令我分身乏术，所以拖到了今天。

不过也好，在你问了这些问题之后，你心中也许有了一丝的盼望，其他群友也把你的问题存在脑海里思索着，等时机成熟了就拿出来讨论。

根据你详细的描述，我们来分析一下你目前的心情和你的思考方法，即所谓的知己。母亲要意识到自己对子女爱的表达方式，了解自己在传递爱的过程中的承受力有多大。了解了自己之后，再尝试去了解孩子的感受与处境，即达到知子的境界。

你儿子刚刚十八岁，无论是在性取向方面，还是在自己生存能力的定位方面，都还在找寻着方向。母亲对他的认同及周围人对他的认可都是影响他情绪的关键。

今天我们来看关于人的需求方面，马斯洛的金字塔理论（hierarchical theory of needs）[1]是如何定义的。

这个塔有五层，最低的第一层是人"生理的基本需求"，比如，衣、食、住、行；第二层是"对安全的需求"，像工作的稳定，身体健康的保障，个人情绪的稳定，不会受到

---

[1] 请参考文章尾页的图标：马斯洛需求层次-简书。https://www.jianshu.com/p/54df76cfd8e4。

知己知子

人身攻击,是安全的,等等;第三层是"对归属感的认同"、"对爱的需求",即父母之爱、恋人之爱、朋友之爱……;第四层是"被人尊重的需求";最高层次,即第五层即是"实现自我价值的需求",即在世人眼里对所谓成功感的享受。

可怜天下父母心!母亲总是想把最好的东西都送给孩子,把自己知道的事情都呈现给孩子,叫他不去犯错,不至于跌倒。"管,又怕他得抑郁症。不管他吧,又怕他不求上进。"

看到孩子出现了失眠问题,情绪低落到了忧郁的边缘,幸运的是,母亲听从了医生的劝告,"不再逼迫孩子读书了"。

读到这里,我心里很感谢这位充满了爱心的母亲。是啊,孩子在情绪崩溃的边缘了,显然在情绪的安全方面经历了极大的挫折。那时,母亲理解他,让他辍学在家里调整,并送他去香道修行,让他结识他敬佩的、鼓励他的人们。"慢慢地在卓玛老师和那些师姐的鼓励下孩子走出了在学校的阴影,也开始阳光起来,在店里他很受客户的夸奖!都说他勤快、阳光、懂事。"

他重新"站起来了",走出了阴影,心里有了阳光,受到了邻人的夸奖。母亲对孩子的评价充满了肯定的语

64. 宁信其有，不信其无

气："不过我们相处得越来越融洽！有时候也觉得这个孩子挺好的，会关心我爱我，还经常做饭给我吃，店里的活也干。"

那个母子相处好的时光令儿子的需求已经被满足了三层，即有了基本的生活保障，也有了在店铺工作的机会，并开始认同自己在外人眼中的价值。

然而，当儿子正在享受着得来不易的归属感与爱的时候，母亲却发现儿子有双性恋的需求，"从那时开始我觉我的天快塌下来了，不是完全接受不了他这样，是担心他未来的路会更难走！好几次试图说服他，总是徒劳！"遗憾的是，之后的情形每况愈下："在我眼里他虽然能天天到店里跟着干活，但是经常出错、偷懒，这让我经常唠叨他。"从前儿子那些好的、闪光的时刻很容易被眼前的"事实"所屏蔽，"平时爱说笑的我们都没有了笑容，甚至都不愿意和对方说话，各有各的委屈吧"！这时，儿子的需求层次似乎从找到了归属感并受到了外人尊重的第四层，猛然地退到了第二层：在生理上的需求和在人身安全方面，儿子开始担心他会受到来自各方的人身攻击，于是，他又挣扎了……由于在情感上没有了保障，儿子又感受到了压抑，他以为母亲会疏远他，于是便有了离家出走的念头。

在这个时候，母亲如果还期望儿子可以"到朋友家的公司，出去锻炼锻炼，让他站在一定的平台上，这样会学到很多的东西并且能成长得快"，那么此时，母亲对孩子"实现自我价值"（第五层）的期许，与孩子还在第三层的"情感安全"上徘徊的事实，是不相匹配的！

无论母亲的爱多么真挚，儿子却没有容量能够理解，只因为母子双方对事情的感受并不在同一个层次的同一个节点上。

本人认为，如果儿子是双性恋的话，他是有可能在找到了满意的异性后，对生活有所盼望，从而在心理上克服生理上的困难。在他选择了自己的生活方式，找到了自我价值，对社会上的道德标准有了他自己的理解后，他一定能成为母亲心中值得骄傲的儿子！

孩子的抑郁症发展到了一定程度，有可能是有自杀倾向的。请务必具体观察，并找专业人士疏通。再有，如果发现儿子有精神上的分裂状况，请务必求医。以上也只是个人不成熟的见解，只供参考而已。

"可是有时候老感觉他到底是不是真的得抑郁症了，还是故意拿这个事在吓唬我，让我不敢管他。"宁信其有，不信其无，宁愿选择相信他在情感上需要帮助；生理上被忧郁症折磨着；在性心理方面也需要疏导。我们要尽最大的努力帮助孩子找回他对安全感、对归属感、对

64. 宁信其有，不信其无

爱，对被尊重的希望与盼望。待他以上几种需求被满足了之后，他才有"实现自我价值"的那一天！

以上似乎是讲了如何做才对孩子有好处，那母亲的福祉又如何呢？我在读这位母亲详细描述的时候，心里想，这位母亲真了不起！她竟然有好几个非常要好的朋友，而且个个都是"招之即来"、处处为她着想的姐们儿。这位母亲一定是一个既讲义气又重感情之人。她有来自上苍"被他人关切"的机缘，真好生令人羡慕！

希望母亲先把自己的观念把握好，然后充分地利用这些好朋友作为你内在的资源与动力，把你的大爱倾注于帮助儿子重拾他的自信！

今日感言：

旁人以为：抑郁即是感伤，
其实不然，
感伤是悲痛，哭叫，
抑郁却是，
冰冷的，空空的呼啸。

抑郁，

知己知子

不是一个没有经历过的人可以描述的，
它像干枯了的画漆，
缺色，乏味，无样。
又像是一滩死水，无波无浪。

等待那，
好心的画匠，
挥笔，填色，
有心人的投石，
令波纹点荡。

万能的母爱啊，
可以带走那抑郁、感伤，
其大爱，令湖水荡漾，
更可以填满，
那空空的画廊……

——雅典娜

64. 宁信其有，不信其无

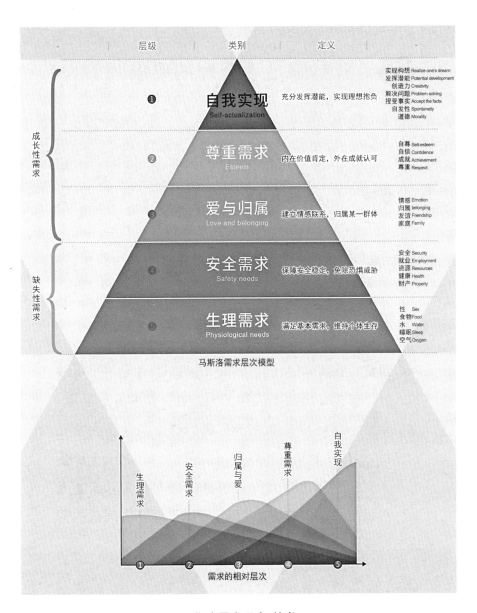

马斯洛需求层次-简书

65 | 需要满足不合理的要求吗？

✉ **提问** 我和我的孩子之间没有问题，我只和我的妈妈之间有无穷无尽的问题，无法和谐相处。我已经三十多岁了，我觉得我是一个永远不能让妈妈满足的孩子，即使我再努力、再努力，在妈妈的眼里我永远不如别人。我一直活在妈妈的阴影里……

🌳 **回复** 感谢你跟我们分享你的感受！你是一个勇敢的人！你还是一个善于表达的人。有了这些好的品质，你的生活一定可以充满阳光！我们这个群就是大家互相扶持，用分享爱来互相帮助。别忘了，你还有一个可爱的儿子呢！不知道有多少人羡慕你拥有作为母亲的天职！让我们一起用集体的力量，帮你找寻解决问题的方法吧。爱你的，麦博士！

🌳 **再回复** 不知道你是否读了《走出阴影》那篇回复？提问者也是从小在一个缺少关爱的环境中长大的，她的

65. 需要满足不合理的要求吗？

母亲极其强势,时常破口大骂,令女儿(提问者)觉得自己在母亲的眼里一无是处。看起来你们两个有比较类似的经历。

我们知道,拿自己子女的弱点,跟别人家孩子的强项做比较,那是一种极不明智的做法。我们也时常看到,有些家长尤其喜欢在公共场合,当众羞辱子女。一来显示她的权威地位,二来她还以为这种做法可以激励孩子向上。

很明显,你妈妈喜欢把你跟别人做比较。假设你弹琴弹得好了,她便拿你跑田径跑得慢去跟别的孩子比较。假设你跑得很快了,她就拿你的数学去跟人家酷爱夏令营的数学迷去做比较。她以为用激将法,可以让孩子感到内疚,从而产生内在的动力。

其实不然,当孩子感到被羞辱的时候,他像一只被折了翅膀的鸟,很难再飞得起来,更别说要他飞得高,飞得远了。

经过多年的实践,母亲们发现,只有被所爱的、所尊敬的人(母亲或老师)正面地鼓励,孩子才有内在的动力去做到他的最好!

那么,允许母亲无休止地羞辱自己,是女儿孝顺的表现吗？

当然不是的！因为,鼓励母亲去发泄她负面的情绪,其实对母亲来说,那也是相当令她内疚的一件事。她是嘴上过了瘾,臭骂了你一顿,但是她的内心却可能是痛苦和悔恨的。

当母亲控制不住自己情绪的时候,你既要安慰她,更要提醒她不可以拿你来撒气。也就是说,你要明确你的底线在哪里,什么是可以入耳的,又有哪些话会让你受到伤害。总之,作为爱母亲的女儿,你有责任在母亲伤害你的行为发生之前,坚定勇敢地去阻止她！

另外,用什么方法去鼓励母亲正面地表达内心的焦虑与不安呢？比如,女儿可以给妈妈报名参加"大妈广场舞",或预定让妈妈跟朋友们一起出去旅游的票。再有,是否可以建立一个母女之间谈心的家庭文化？双方要学会在平静的时候表达自己的感受并商量可以改善关系的办法。比如,你可以严肃地向母亲提出:"我已经成年了,母亲没有权力干涉我的生活。我有了自己的孩子,上一辈的负面情绪是不应该波及第三代孩子的。"

设定一下新的界限,让她了解到你不被她尊重的无奈与痛苦。

母女两个人还可以想出一个暗语或暗号,目的是在母亲的语言暴力事件还没有发生之前,让这个暗示可以

65. 需要满足不合理的要求吗?

给她机会,务必三思而后语!

小结:1. 在情感上,保护自己不被伤害,不要受母亲的控制。2. 在情理上,不必满足母亲不合理的要求。3. 希望你能包容地爱你的母亲,即使她有太多的过错。4. 尽最大的可能,避免你的孩子目睹上代人的无谓纷争。

今日感言:

> 一位好的母亲一定不会拿自己孩子的弱点跟别人家孩子的强项去做比较!
>
> 一位聪明的母亲接受了他人表扬自己孩子之后,也会极力地赞美他人的孩子!
>
> ——雅典娜

66 千载难逢的好机会！
——当老师投诉你孩子的时候

乍看起来有点荒唐，好像父母是阿Q，怎么老师来投诉你孩子了，你还觉得这是个千载难逢的好机会呢？

试想，一个孩子，在被一位作为成年人的老师"否定""投诉""错怪""诬陷""体罚""羞辱"了之后，他最需要的是什么？在孩子觉得天崩地裂，开始自我怀疑的时刻，他最需要的一定是母亲对自己的理解与安抚，信任与鼓励！

这时，母亲先不去论断事情的原委，而是坚定不移地站在孩子的立场上，这岂不是一个绝好的机会，让孩子在情感上体验到母亲是可以信赖的，在任何时候、任何情况下，都是孩子可以依靠的坚实臂膀！

请记住，孩子情绪上的健康和心理上的健全，都远远比他行为上的某些缺点重要。

当老师投诉你孩子的时候，母亲将如何应对呢？我们就用以下这个假定的场景来演练一下，提前制定一套方案来应对。

"今天，老师在班级里已经惩罚了孩子，然后向家长

66. 千载难逢的好机会!

投诉了孩子的行为。孩子回家后,极其沮丧,感到在学校受到了委屈",当母亲收到了以上这条信息的时候,将如何应对这种突发事件呢?

1. 温柔地迎接孩子回家;对孩子嘘寒问暖一番,却不要询问发生了什么事情;耐心地等待孩子向你敞开心扉;给他洗澡的时候(假设是幼儿),陪他吃饭的时候,母亲要耐心地等着他那软弱时刻的到来,他将会主动地向你倾诉。

2. 孩子以为母亲收到老师的投诉后会劈头盖脸地训斥他,所以他决定视大人的反应来决定是否讲出实情。如果被母亲信任,他就会主动地、毫无保留地讲述自己的经历,事情的原委极有可能跟老师告诉家长的版本不同。

3. 那时,孩子的"解释""抱怨",甚至于"愤怒",母亲请务必耐心地倾听,不要去打断或评判,要用同情的表情全盘接受他的表述,并且在内心深处,母亲要完全相信孩子的话。那个时刻要体会孩子的感受,不要当法官去判断事情的对与错。这暗示着:无论任何时候,无论遭遇任何事情,母亲将毫不犹豫地站在孩子这边,哪怕天塌下来。

4. 现在你是时候对孩子说:"听起来,你今天很不容易,受委屈了。你的老师也真是的,怎么能判断失误到如此地步呢？这真是荒唐至极！孩子，妈妈相信你，你不是故意的，一定是老师搞错了。老师明天意识到了之后，他会后悔对你做出的惩罚，那你就不必对老师的指责太过纠结了？"

请注意，在这里指责老师是为了让孩子觉得家人永远是他的后盾。同时要注意，母亲可以否定老师对孩子所做的这件事，但不要否定老师这个人，更不必否定老师的权威，毕竟孩子暂时是不得不跟老师和平相处的。尊重老师是对的，然而不代表允许老师挤兑或不公平地对待孩子。

5. 下一步，母亲可以拿自己做例子："孩子，你知道吗，妈妈以前也遇到过类似的问题。我当时简直气坏了，也搞砸了，完全没有像你现在处理得这么冷静。我要是你，在这种情况下，我还真不知道该怎么办了呢。"

这么说是为了让孩子重拾自信，"不是我搞砸了？原来这件事本身就很难处理呀"！

6. 母亲可以接着说："孩子，没事的，你放心吧，老师那边，如果你愿意的话，妈妈可以去学校跟老师谈谈。如果你不愿意的话，那你自己可以去处理，看有什么办法来挽回。"很有可能，孩子会说："让我想一想……其实，我觉得我也有些不对的地方……那还是我自己去跟老师解释吧。"

66. 千载难逢的好机会!

让孩子自己去解决问题,那是最理想的。请注意,母亲的极大信任是鼓励孩子自我悔改的最大动力。

以上的几个步骤,万变不离其宗,家长可以灵活使用。请不要一收到老师的投诉,家长就失去了方寸,更不要因承受不了这种外来的"羞辱",便在孩子身上"再踩上一脚"。有智慧的母亲不会去做老师投诉的"帮凶"!①

母亲在孩子没有能力处理问题的情况下,请一定把此事重视起来。去学校前先约好老师本人,给老师一个机会跟家长单独谈谈。切勿先越级上告!② 但是,家长应该强烈地要求老师在这期间不可以对孩子采取任何负面措施。

母亲有智慧地运用一些公关手法,尽量给老师留有余地,使得老师有愿望去改变对孩子的态度。

7. 在任何时间,家长都有权力要求老师尊重孩子,不可体罚,不可在语言上侮辱孩子,更不可在众人面前讲孩子的是非③。如果老师不太专业,家长有权去学校寻找更高一层次的人物面谈。希望家长要有理有据、用平和的方式解决问题,同时,一定要制止老师惩罚孩子的过分行为。

---

① 请参考《母亲应该是严厉的教师吗?》。
② 请参考《做"第一个敢吃螃蟹之人"》。
③ 比如老师毫无顾忌地在家长群里发布某个孩子的负面消息。

8. 最重要的一点，不建议跟孩子过多分享跟老师谈判的这些细节。只要让他知道母亲为他的福祉在据理力争。以便不让孩子在心理上产生对老师的憎恨与厌恶，抑或担心自己在同学们面前没有面子。

9. 如果孩子觉得母亲没有必要去找老师，请一定要尊重孩子的意愿，切勿偷偷地去处理，还编理由不告诉他实情。母亲要做好榜样，跟孩子相处时，一定要坦然而诚信！

以上的那些情景对话不是空穴来风。这种家长处理突发事件的具体方法，是我经历数十载的实践所得来的。

很久以前，我曾经参加过一个育儿读书会，讨论的一本书叫：《如何培养有独立思考的孩子》(Raising Children Who Think for Themselves)。其中，就包括教家长在突发事件发生后，如何有效地体恤孩子的感受。

记得在读书会上，家长与孩子的那些对话是被要求反复地去练习，去揣摩的。

今日感言：

> 孩子是母亲手中的陶土，如果拿捏对了，填上色，画上图，她就会成为一方优质的作品。
>
> ——雅典娜

67 当孩子"情绪爆发"的那刻来临

我曾经参加过一个为家长设置的读书会,专门训练家长如何应对孩子的情绪。比如,孩子遇到大事了,自己控制不了场面了,他"那个情绪爆发的时刻"来临了……

书中用了好几个章节,用对话的形式训练家长保持冷静。

以下是一个假设的情景与对话:孩子放学回家时,像一个霜打了的茄子,可是妈妈没有问儿子在学校今天怎么样了。因为在这个时刻,儿子是不愿意回答的。于是,妈妈便说:"儿子,我预备了你喜欢的小吃,你猜是什么?"此时,母亲明明知道儿子可能不理会小吃,但需要找理由来发泄一通。

儿子眼泪汪汪地大声说:"今天老师又罚我了!他太过分了,简直没理由,我只不过迟到了5分钟,老师对我的迟到大声吼叫!"

这时候,妈妈也有冲动想再来一棒子,心里想:"老师说的对,为什么你总是迟到呢?为什么你不找自己的原因呢？我听见你的闹钟响了好几遍，你都还赖在床上？老师不过分，是你过分了！"但是妈妈还是忍住了，没有说出口。

接着，妈妈改变了主意，反而安慰儿子说："儿子，不就是迟到了5分钟吗？没什么了不起！你的老师有点太过分了，无论如何他不应该当着所有同学的面吼你，对吧？"这时，妈妈对儿子的语言是安慰性的，表示了你同情他的窘境。

如果孩子这时候有了反应，妈妈请务必要让孩子把所有想说的话都说完了，甚至于把想发泄的情绪一股脑地都抖露出来。无论他怎样去表达他的不满，请妈妈耐心地倾听，尝试去理解。多听少说，用身体语言去安慰孩子，比如拍拍他的肩膀，眼睛透露出同情的目光，温柔地递给他一杯水。

母亲接着说："这样吧，我明天去一趟学校，跟老师谈谈，阻止他对你/学生的不良行为。不如，我们不去理会老师怎样想，你还是来尝一下我给你备的小吃吧？"你传达的信息是，这件事没什么了不起的。接着儿子尝了喜欢的小吃，听着家里人说说笑笑地谈论一些不相干的事情。

晚上要睡觉了，妈妈去跟儿子道"晚安"的时候问："儿子，那明天你想让妈妈去一趟学校吗？"儿子很有可能

67. 当孩子"情绪爆发"的那刻来临

回答:"妈,其实是我迟到在先,那位老师大部分时候还挺公平的。我明天应该不会再迟到了。"

于是,第二天,儿子起得比平时还要早呢,他已经决定要彻底地改头换面,以证明给老师(还有妈妈)看,只要是他自己想做的事情,他不仅可以做得到,而且还要做得相当完美!

以上这个假设的情景对话,避免了妈妈与孩子的争吵。更重要的是,妈妈给了孩子一个非常宝贵的信息,那就是:在任何时候,特别是孩子受委屈的时候,母亲总会站在自己的孩子这一边!因为母亲是世上最理解和宽容自己孩子的人,即使他犯了天大的错误。

麦家庭的小故事:

有一天,我们的小女儿放了学,书包一撂下,就满肚子火气地说:"今天真糟糕!我们一起搞活动,大家已经同意了的事,可是有一位同学却……"

我那时想:"太好了,我练习的机会终于来了!"于是,我耐着性子,微笑着听她把事情说完,然后安慰她说:"我真的很理解你,你真行呢!要是我碰到了这事,我一定很生气,然后还把事情搞砸了。看看你,遇到困难时,你可比妈妈还沉着、冷静。"

出乎意料的是,女儿看着我,表情诡异地说:"妈,你是在拿我练习你读书会学来的习题吧？妈，其实你应该这样回答我……那不就更加安慰我了？"

轮到我一脸的诧异！原来，女儿早就把我放在办公桌上的《如何处理孩子激烈情绪的对话练习》一目十行地读了个透！

看着女儿窃窃地笑着，我就知道"All is well!"（"一切都好！"）因为到了这个时刻，她已经意识到了，"其实，世界上真的没有什么天大的事是她处理不了的"！

68 "脖子"转"头"的管家艺术

✉ **提问** 麦博士,我有问题请教。昨天我和孩子的爸爸带着孩子一起回家时下大暴雨。路上很多积水,这时孩子说:"还好我们有车子,不然就要淋雨了。"然后孩子的爸爸说:"所以你要好好读书啊,以后不会读书就骑电动车送快递,风吹日晒的,骑车又很危险!一不小心就会被撞死……"我马上打断,说:"所以我们开车经过水坑的时候要慢一点,不要把水溅到骑车的人身上。不会读书也有其他办法能够好好生活的。"

孩子做作业不会做,他爸爸就说:"这都不会啊?我小时候什么都会做,你真笨!"而我听到就会打断和阻止。会告诉孩子每个人都有自己的特别之处。

这样的例子很多很多,我和孩子爸爸在教育孩子的观念上总是存在这样的分歧和差异,我担心孩子的爸爸会对他造成不好的影响。

这样的状态是常态,我应该怎么合理地告诉孩子不要受他爸爸观点的影响呢?

知己知子

回复 首先感谢你有寻求答案的愿望和表达自己感情的坦诚。你这样的好母亲,对孩子总有阳光般的、正能量的补充,那么你的孩子是有福气的!

我们来分析一下你所面临的情况并探寻一下可以改善状况的方法。

1. 夫妻双方从小的成长经历与家庭文化背景的不同,导致在教育孩子的理念上有所差异,这也体现在日常生活中的语言表达上。

如果你丈夫爱惜自己的孩子,必要时肯为孩子做出一定牺牲,这样的一位父亲,母亲也不必太担心。

至于父亲如何表达对儿子的爱,儿子是否享受那种父爱,那是他们父子之间的事情。有时候,妈妈未必能够完全理解他们父子之间的你来我往,包括在语言上的互相挤兑。

2. 从语气上来听,父亲在儿子的学习上是持否定态度的。也许父亲对孩子的学习太过在意,太过心急了,所以试图用激将法以反面例子教育孩子要努力。我们前面讲过了,这种方法是没有成效的。我们要从正面去鼓励,才能激发孩子的主动性。

不知道这位父亲是否在其他方面有肯定孩子的地方?假定是有的,那妈妈就可以提醒孩子说:"儿子,你看,其实爸爸是欣赏你这一点的!"

3. 我们往好处想:将来在某个场景,当孩子的情绪和信心在最低谷之时,这个看似常常否定自己的父亲,只要轻轻地讲一句鼓励的话,在那个时刻就能起到四两拨千斤的神奇作用!

4. 无论如何,我不太主张妈妈私下悄悄地对孩子传达以下信息:"远离你的爸爸,因为他对你的影响是不好的。"如果母亲这样做,那将对孩子的内心产生负面影响,即妈妈认定,父亲是"否定"儿子的。

5. 总之,当着孩子的面,妈妈否定爸爸,或者爸爸否定妈妈,都不是好事,因为它会令孩子没有安全感。

6. 相反,父母在养育孩子上步调是一致的,互相是扶持的,那孩子的内心就安定、强大,充满了希望,能够体会到爱的美妙!

下面,我们尝试着重演以上的情景,改变一下说话的方式,看是否可以收到不同的效果。

(1) 孩子的爸爸说:"所以你要好好读书啊,以后不会读书就骑电动车送快递,风吹日晒的,骑车又很危险!一不小心就会被撞死。"

妈妈可以选择接下来说:"你爸爸是怕你风吹日晒的,像骑着车子送快递的人一样,搞不好还有生命危险。

所以我觉得那些快递员很不容易。那我们下次接快递时就对他们宽容一点吧。儿子，我们希望你读书之所用就是让这个世界会变得更加美好！我们相信你是一个有思想、有抱负及有领袖才能的孩子。"

（2）孩子不会做作业，他爸爸就说："这都不会啊？我小时候什么都会做，你真笨！"

妈妈可以选择接着说："孩子，你看你爸爸多聪明，小的时候就什么都会，那你就知道你有好的基因了吧。说不定你聪明的爸爸还可以教教你呢。"

（假设提问者的）丈夫因为从小被他自己的父母否定，甚至于被虐待过，所以当类似的情景出现时，丈夫就容易把负面的情绪暴露在孩子面前。那做妻子的，要私下跟丈夫商量如何给彼此设定一个暗号，当着孩子的面互相提醒一下，控制自己不要说具有破坏性的、负能量的话语，像"笨、蠢、撞死"，等等。

以上两个例子都是假设的，其目的是令父亲去做母亲的另一个好帮手，使得夫妻在孩子的教育管理上是协调的。就是说，父母的关系越融洽，越是互相肯定和鼓励，孩子就越发自信和自强！由此，孩子才愿意去寻找父母身上美好的东西。

68. "脖子"转"头"的管家艺术

夫妻双方都是成年人,一方试图去改变另一方是不可能的,甚至是不道德的,除非另一方自己有愿望去改变他自己。

那么,妻子怎样做一个聪明的女人,能够让丈夫为了妻儿的愿望去改变自己,优化自己?

我们说:丈夫是"头",妻子是"脖子",那当然是"脖子"管着"头"所要转的方向喽!以上的这种恰当的拿捏就是做女人的管家艺术!

我们总结一下:夫妻在孩子面前要支持对方的立场,即使一方做错了,也不要当场否定。丈夫心甘情愿地去改变他自己,为的是能够正确地表达对妻子与孩子的爱。

今日感言:

> 丈夫是"头",妻子是"脖子",那么"脖子"转"头"就是聪明女人的艺术所在!
>
> ——雅典娜

69 | 新年到，新目标！

各位新年好！我祝愿大家幸福美满，子女上进，步步升高！

我想建议各位母亲在新的一年里挑战一下自己：在新年之际，母亲和孩子是否愿意尝试共同设立新的目标。

我们家有一个传统，每到一年快结束之时，在家庭会上，每个家庭成员都会设立自己来年的新目标。通常，大家先自我反馈去年的目标是否达成，其感受如何？然后，再设立新的目标。

目标一般在以下四个大的方面里设定（见图1）。请注意，四个格子的比例不一定是均衡的，而且其中还可以增加一些细节。以上目标的设立越具体就越有成效。有时候，孩子自己也喜欢增减或更改几项内容，那母亲就更要重视他的想法。

只要孩子认真地反省从前，对新的目标有所盼望，那就达成了目的。无论孩子设立的目标是否符合母亲的意愿，母亲都应尊重孩子的选择，除了建议和鼓励他

69. 新年到，新目标！

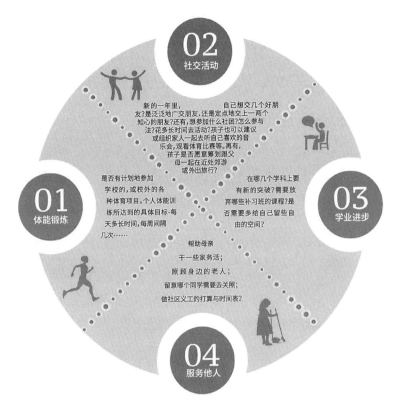

图1 设立目标的四个方向

自己去尝试、去调整之外，请不要去否定或评判。如此，孩子才会觉得那目标是他自己制定的，更是他自愿要去达成的。

经过多年的实践证明，以上这个"新一年的挑战"对孩子的成长和进步确实有很大的帮助。

在此，我也希望群里的妈妈都能够畅所欲言，分享各自的想法和感受。

那么，今年我对自己的挑战是："我要寻找机会去了解你们这些优秀的母亲们。"我期盼，在这里的每个母亲都能正确地传递爱，从而达到知己与知子的理想境界！

今日感言：

> 母亲教育孩子的过程也是自己受教育的过程；母亲爱子女，也在体会被爱的美妙！
>
> ——雅典娜

2021年1月1日，于上海

图书在版编目(CIP)数据

知己知子:母亲如何正确地传递"爱"/麦杨著.—上海:复旦大学出版社,2023.5
ISBN 978-7-309-16752-8

Ⅰ.①知… Ⅱ.①麦… Ⅲ.①家庭教育 Ⅳ.①G78

中国国家版本馆 CIP 数据核字(2023)第 018809 号

知己知子:母亲如何正确地传递"爱"
麦　杨　著
责任编辑/郑越文

复旦大学出版社有限公司出版发行
上海市国权路 579 号　邮编:200433
网址:fupnet@fudanpress.com　http://www.fudanpress.com
门市零售:86-21-65102580　团体订购:86-21-65104505
出版部电话:86-21-65642845
上海四维数字图文有限公司

开本 890×1240　1/16　印张 10.625　字数 172 千
2023 年 5 月第 1 版
2023 年 5 月第 1 版第 1 次印刷

ISBN 978-7-309-16752-8/G·2476
定价:68.00 元

如有印装质量问题,请向复旦大学出版社有限公司出版部调换。
版权所有　侵权必究